CEO의 월요편지

CEO의 월요편지

초판 1쇄 발행 2021년 11월 6일

지은이 배광효
펴낸이 조송현
펴낸곳 인타임
북 디자인 심플리 그라픽스

출판등록 제2018-000004호
주소 (47570) 부산광역시 연제구 고분로 254-1 3층 (연산동)
전화 051)-711-3101
팩스 051)-711-3102
이메일 pinepines@injurytime.kr

ISBN 979-11-91685-09-1   03300

CEO의 월요 편지

배광효 지음

소통과 공감의 혁신 경영 이야기

책을 펴내며

100번째의 월요편지를 부치고 나서, 이 세상에서 가장 빠르다는 표현은 '벌써'라는 말인 것 같다. 하루가 한 주가 되고 한 달이 되고 벌써 3년이 되어버렸으니 이 보다 더 빠르다는 표현이 있을까.

공직 30여 년을 하면서 시민의 입장, 상대편의 입장을 헤아리는 역지사지(易地思之)를 지키고자 했다. 마음과 신뢰를 얻지 못하는 정책과 행정서비스는 누구에게도 좋은 결과를 주지 못한다. 직원들과의 소통과 공감을 통해 '혁신은 일상(日常)이고 행복(幸福)이다'를 실천하고자 했다. CEO의 월요편지는 그렇게 탄생했다.

매주 월요일 아침회의를 마치고 전 직원에게 편지를 부친다. 지난주 일들을 정리하고 살면서 얻은 경험담과 최근의 경영 트렌드를 얹어서 이번 주에 해야 할 일을 썼다. 직원들은 때로는 공감했고, 때로는 직원들이 바라는 나아갈 방향에 관한, 더러는 어려운 개인사의 답장도 받았다. 첫 편지의 반응은 시큰둥했지만 꾸준함에 진심이 통했을까. 입소문을 타고 CEO와 직원 간 주고받은 편지 속에 공감의 영토는 풍성해지고 커져갔다. 책 분량 관계상 여기에 다 싣지 못한 아쉬움을 미리 밝혀둔다.

공직 30여 년을 마무리하고 지방공기업 CEO로 취임했을 때, 잘 할 수 있다는 자신감의 이면에는 걱정과 막중한 책임감이 어깨를 짓눌렀다. 공기업 CEO로서 3년간 「안전·혁신·윤리」의 핵심가치를 경영방침으로 정하고 이의 구현에 매진했다. 소통과 공감은 '창의'와 '혁신'의 자양분이 되었다. 5년 연속 경영평가 최우수기관, 지방공기업 발전유공 대통령표창 등 좋은 결과도 얻었다.

여기에 실린 부산환경공단의 혁신경영 이야기는 추진한 사업의 취지와 과정, 그리고 함께한 전 직원의 열정을 소개함으로써 이와 관련된 일에 관심을 갖는 사람들에게 조금이나마 도움이 되도록 하자는 데 주안점을 주었다. 이를테면 공기업을 경영하거나 공기업 관련 사례 연구를 하시는 분들에게 참고 자료가 된다면 공기업의 주인인 시민의 삶의 질 향상에 기여할 것으로 기대한다.

이 책이 나오기까지 책 발간을 권유한 차용범 선배님, 출판사 인타임의 조송현 대표, 그리고 혁신경영사례를 정리해준 공단 직원들에게 고맙다는 인사를 드린다. 무엇보다 추천사를 써주신 허남식 전 부산시장님은 처음 공직에 입문하여 사무관 수습시절부터 인연을 맺어 저의 공직생활에 나침판이 되어주셨던 고마운 분이다.

책 발간을 앞두고 마음은 불안하고 설레기를 반복한다. 평생을 함께 언제나 나를 아껴주는 아내 연화, 낯선 이국땅에서, 또 아빠 없는 시간 속에서도 잘 자라준 혜민, 태윤에게 미안함과 고마움을 함께 전한다.

2021년 가을 속에서 배광효

추천사

공기업 CEO, '월요편지'로 소통에 성공했다

소통과 공감은 지도자의 주요 덕목이다. 전 구성원이 생각을 공유하며 같은 목표를 추구한다는 것, 조직 발전의 필수적 동력이기도 하다. 세계적 기업들은 '소통경영'·'공감경영'을 내걸고, 적극적 소통을 추구하며 공감의 힘을 키워가고 있다. 오늘의 최고경영자는 일을 집행하는 책임자(CEO)를 넘어 목표를 공유하고 비전을 제시하는 CDO(Chief Dream Officer)여야 한다.

부산환경공단 배광효 이사장은 나에게 참 좋은 기억을 남긴 출중한 후배다. 나는 그와 부산광역시 과장-계장, 시장-국장으로 공직생활을 함께

했다. 그는 공직생활 내내, 시민과 상대의 입장을 헤아리는 역지사지(易地思之)에 충실했다. 그는 늘 적게 말하고 많이 듣고 누구라도 한 마디 할 때면 늘 자기 말을 끊고 그 말을 먼저 듣는, 참 부러운 저력을 가진 사람이다. 그의 CEO적 자질은 대형 공기업의 경영에 좋은 영향을 미쳤을 것으로 나는 믿고 있다.

그는 부산환경공단 CEO시절, 매주 '월요편지'를 썼다. 전 직원에게 지난주 업무결산 및 이번 주 업무구상을 공유하고, 삶의 방식이며 경영 트렌드를 전해왔다. 직원들은 그 편지에 공감하며 자기 의견을 말하고, 그건 곧 소통과 공감이다. 그 바쁜 CEO가 3년 동안 쉼 없이, 편지를 통해 직원과 소통-공감한다는 것, 그게 예사 의지와 열정으로 가능한 일인가.

부산환경공단은 2021년도 정부 공기업 경영평가에서 '최우수' 등급을 차지했다. 국내 272개 지방공기업 중 5년 연속 1위의 대기록이다. 공기업 경영평가 5년 연속 1위, 이것 또한 예사 노력으로 가능한 일인가. 그건 임직원 모두가 소통하고 공감하며 쏟은 열정의 결실이고, 역시 '배광효의 소통은 화끈하게 통했다'고, 나는 생각한다.

이 책 'CEO의 월요편지'를 일관하는 주제는 뚜렷하다. 그가 맡은 공기업의 핵심가치, 안전-혁신-윤리다. 그 핵심가치에 호응하는 경영혁신 사례도 알차다. 일은 전략과 시스템으로, 혁신은 냉정과 열정의 조화에서... 그가 추구해 온 소통과 공감의 깊이와 넓이를 짐작할 만하다.

그의 월요편지에는 한 공기업의 업무체계와 작동원리를 넘어, 세계적

경영이론과 시대적 고사(故事)가 알차게 등장한다. 스스로 한 조직의 업무를 끊임없이 평가·분석하고 혁신의 대안을 모색한 흔적이 역력하다. 그가 새로 입사한 직원에게 부탁한 인재상(人材像) 얘기에는 인간 성장의 이론과 실제, 선배의 체험과 교훈이 생생하게 녹아있다.

 이 책은 CEO 배광효의 편지 모음에 그치지 않을 것이다. 대기업을 경영하거나 소통·공감 관련 연구를 하는 분에게 생생한 성공사례로 남을 것이다. 직장생활을 시작하는 초년생이나 사회생활을 하는 일반인에게 적잖은 감흥을 주는 귀한 스토리로 다가갈 것이다. 배광효 이사장의 의지와 열정에 뜨거운 박수를 보내면서 소통과 공감에 관심 있는 많은 분들의 일독을 권한다.

전 부산광역시장 **허남식**

목차

책을 펴내며	04
추천사	07

제1부 CEO의 월요편지

제1장 | 소통과 공감

설렘	19
타이거 우즈	22
5월의 시	24
위캔(We CAN) 미팅	26
고객만족도 조사	28
공적개발원조(ODA) 사업 발굴	30
성실(誠實)	33
소통과 공감	35
『90년생이 온다』	37
의전관행 탈피	40
'가' 등급	42
권학시(勸學詩)	44
신입직원 당부	47
군대 면회	50

변화와 생존	52
성장 근육	55
직장 몰입	57
개인 생산성	59
초상권	61
스트레스	63
취임 1주년	65
시간	67
줄탁동시	69
귀천	71
사업단 체제	73
연말 인사	75

제2장 | 혁신 & 창의

새해 인사	79
플랜 A, B	84
코로나19 발생	86
『약혼자』	88
역지사지	90
역경지수(AQ)	92
『술탄과 황제』	94
동료 추모	97
뉴턴(New Turn) 기술혁신	100
율기 6조	103
경영평가	106
답장과 소통	108
청렴도	111
간부평가	113
천운·지운·인운	115

승진과 전보	117
후반전	119
CEO의 고민	121
자기 자랑하기	124
ESG	127
시민 특강	130
악화와 양화	132
경영성적표	135
가을 시인	138
에코백	141
수구초심	143
토크 토크	146
카우보이 히어로(COWBOY HERO)	148
저성과자는 없다	150
MZ 세대	152
팬데믹 이후	155

제3장 | 성과 & 공공성

호시우보	159
사람과 기술	161
불평등, 격차	163
새해 가족 소망	165
셀러브러티(Celebrity)	167
사용설명서	169
플라스틱 제로화	171
롤러코스터	173
가장 받고 싶은 상	176
일 잘되는 환경	179
새로고침 기능	182

마당발	184
영화「미나리」	186
에일리의 명언	189
직원 경험	191
업(業)	194
아이스 아메리카노	197
5년 연속 1위	199
일을 바라보는 관점	202

제 2 부 BECO 부산환경공단 혁신경영 이야기

제1장 | 혁신전략 & 시스템

중장기 경영전략 기본계획	207
#TMS #ESG	209
경영평가와 책임경영	211
「사업단 조직」으로조직 혁신	213
조직의 힘, BSC 성과관리제도	215
몰입과제 선정	217

제2장 | 혁신문화 & 창의

성과와 역량중심의 인사혁신	221
직무이수제 도입	223
환경전문가 양성 '사내자격제도' 시행	225
긍정 아이콘(YES) 뉴노멀 워킹그룹 운영	227
불피요한 일 버리기, 워크 다이어트 (Work Diet)	229
혁신과 협업 마일리지 제도	231

토크 콘서트 위캔(We CAN) 미팅과 정례조례 폐지 233
울트라짱 「바보 공작단」 탄생 235

제3장 | 혁신성과 & 공공성 추구

하수처리 운영 일원화 및 관로의 통합관리 239
찾아가는 처리장 공정지킴이 242
슬레이트 제거, 석면 없는 지붕 만들기 244
도로 위 재비산먼지 저감사업 246
학교 분류식 하수관로 연결사업 추진 248
하수처리용 약품관리제도 혁신 250

제4장 | 기술혁신 & 협업

뉴턴(New Turn)기술혁신 프로젝트 253
「그린뉴딜」 지역협력 사업 255
지역 환경기업의 ODA 사업 지원 257
온실가스 감축과 신재생 에너지 만들기 259
에너지 진단 전문기관 지정 261

제5장 | 신뢰 & 안전

BECO 휘슬과 부패방지경영시스템(ISO 37001) 인증 265
안전보건경영시스템(ISO 45001) 인증 267
환경 전공 대학생을 환경 전문가로 269
규제를 허문다, 혁신 샌드박스 운영 271
인권 존중의 일터 만들기 273

제6장 | 시민소통 & 공감

에코백 런(RUN) 범시민 환경캠페인 운동	277
업사이클링 아트페스타	279
우리동네 작은 음악회와 친환경 체육대회	281
나 홀로 어르신 '추억의 선물상자' 나눔	283
신나는 에코투어버스 운행	285

제3부 언론에 비친 부산환경공단 & CEO 배광효

부산환경공단, 경영평가 5년 연속 1위... 전국 유일	291
부산환경공단, 창단 20년만에 대통령 표창 받아	294
부산환경공단 배광효 이사장, 혁신·소통리더십 통했다	296
월요일마다 직원에 편지 쓰는 환경CEO... "글로벌 환경 공기업 박차"	301

에필로그_ 삶의 여정은 '선택'이다   315

제1부
CEO의 월요편지

경영환경이 빠르게 변하고 있다. 언제부턴가 소통과 공감은 CEO 리더십의 필수 덕목이 되었다. 고민 끝에 혼자만의 짝사랑 일 수도 있는 편지를 쓰기로 했다. 사람의 마음을 파고드는 데는 말보다 글이다. 공문서의 딱딱한 지시어가 아닌 진심을 담은 편지로 안부를 묻고, 여러 소식을 전하고 답장도 받았다. 그리고 오랫동안 그 편지 속에서 따뜻해질 수 있었다.

제1장

소통과 공감

　오늘부터 월요편지를 시작합니다. 새로운 설렘으로 직원 여러분을 찾아 갑니다. 쉬지 않고 갈 수 있을지 의문이지만 계속되길 다짐합니다. 직원들에게 저의 생각과 본부의 소식을 전하면서 소통과 공감의 장을 확장하고 가감 없는 여러분의 의견을 듣기 위함입니다.

　이번 주에는 전년도 경영실적에 대한 경영평가가 있습니다. 평가할 수 없는 것은 관리할 수 없다는 지론이 있습니다. 경영활동에 대한 피드백 기능이 작동되기를 기대하며, 한 해 동안 땀의 결실을 평가 받는 자리인 만큼 담당자, 팀장, 실·처장들과 함께 꼼꼼히 준비해서 좋은 결과가 나오도록 최선을 다하겠습니다.

　중장기 경영전략 및 조직진단, 차세대시스템 구축 용역이 진행 중입니다. 현장의 어려움이나 요구사항이 반영되고 우리 공단이 나아갈 방향이 잘 설정될 수 있도록 모두 관심을 가져주시기 바랍니다. 지금 실험실 운영 실태에 대한 특별감사도 진행 중입니다. 운영 및 제도개선에 감사 중점을 두고 있다는 말씀을 드립니다.

'안전에는 양보 없다. 실천이 목표다.' 시민소통안전실의 안전 슬로건입니다. 지난주에도 석면슬레이트 지붕철거 작업 중에 직원이 다치는 사고가 발생했습니다. 먼저 조속한 쾌유를 빕니다. 안전경영은 우리 공단의 첫 번째 경영방침입니다. 안전수칙을 철저히 준수하여 무재해 사업장 만들기에 모두가 솔선해야겠습니다. 지금 자체 추경작업을 하고 있습니다. 시급한 안전예산이 누락되지 않도록 전 부서장은 관심을 가져주시기 바랍니다.

제19주년 공단 노동조합 창립대회가 금요일에 열립니다. 오전에 본행사를 하고 오후에 노사가 함께 성지곡 수원지를 걷고 야구경기도 볼 예정입니다. 축하하고 서로를 격려하는 온기 있는 하루가 되었으면 합니다.

「알뜰경잡」, 전 삼성그룹 김인 사장의 특강을 듣고 강의 자료를 첨부합니다. 한 사람의 삶과 한 기업이 추구하는 방향은 물론 4차 산업혁명을 잘 정리한 것 같아 공유합니다.

예전부터 해온 테니스를 다시 시작하려 합니다. 여러분도 몸에 활기를 불어 넣는 기지개를 켜 보시기 바랍니다. 개인이 건강해야 조직도 건강해집니다.

두서없는 첫 월요편지를 끝까지 읽어주셔서 고맙습니다. 앞으로 여러분의 참여와 조언도 듣고 반영해 가겠습니다. (2019. 4. 15)

- 답장 중에서 -

편지에는 '답장'이 완결입니다. 뜻밖의 편지에 기분이 상쾌합니다. 참신합니다. 의례적인 메시지가 아니어서 더 좋습니다. 감정과 진심을 담은 CEO의 메시지는 처음입니다. 울림이 있습니다. 최근 신입사원이 늘어나고 있어 인생의 방향타로 삼을 수 있는 지혜의 말씀이나 좋은 글귀도 곁들어 주시면 더 좋겠습니다. 힘껏 응원합니다.

(본부 J실장)

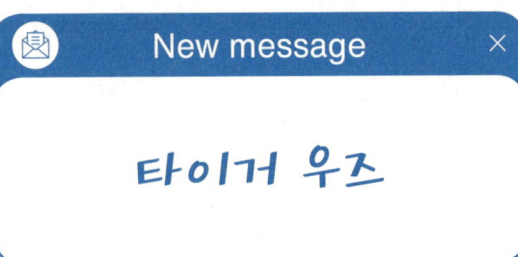

이번 주는 양달마을 도시재생지원 봉사활동으로 시작합니다. 오전에 직원들과 함께 도배, 장판교체, 페인트칠하기 등의 활동을 하고 돌아와 편지를 씁니다. 늘 그러하듯 열정적이고 밝은 표정으로 참여하는 직원들의 모습이 고맙고 자랑스럽습니다.

지난 금요일 각 사업소에서 노동조합 창립대회를 잘 치렀는지 궁금합니다. 본부에는 시의회 이성숙 부의장님을 비롯한 노동 관련 단체장님들이 참석해 주셨습니다. 오후에 어린이대공원 갈맷길 걷기를 하고 야구경기를 관람하였으나 날씨가 너무 추워 경기를 3회 말까지만 관람하는 것으로 공식행사를 마치는 아쉬움이 있었습니다.

수영사업소 하수처리의 문제점과 개선대책 보고가 있었습니다. 항상 방류수질 확보에 어려움을 겪어 근본적인 대책이 필요함에도 미뤄온 일이라 이제부터라도 뜻을 모아 개선해나가려 합니다. 하수사업처를 중심으로 예산확보 등 사업이 원활하게 추진되도록 조치해 나가겠습니다.

전력비 및 처리원가 절감을 위한 2018년 전력성과관리 평가결과가 나왔습니다. 공단의 전력비는 각 사업소의 지속적인 노력에도 불구하고 2017년 235억 원에서 258억 원으로 9.7% 증가했습니다. 시설개선, 운전 최적화, 신재생에너지 개발 등으로 최우수 해운대, 우수 수영, 장려 서부 남부 하수자원사업소에 격려와 감사 인사를 드립니다. 운영비 중에서 가장 큰 비중을 차지하는 전력비 절감은 주요 현안으로 직원들의 다양한 아이디어와 협력이 필요합니다.

지난주 금요일에 생곡매립장 쓰레기 반입금지 주민시위가 있었습니다. 쓰레기 반입에 애로를 겪었고 생곡사업소 직원들이 새벽부터 나와 주민 설득에 많은 고생을 했습니다. 생곡마을의 이주문제가 조속히 해결되어야 하나 쉽지 않을 것 같고 그동안에 이런 상황이 재발하지 않도록 우리도 함께 노력해 나가야 합니다.

오늘은 이런 말을 전하고 싶네요. 세계적 골프선수 타이거 우즈가 지난주에 마스터즈대회 우승 후 인터뷰에서 "절대 포기하지 마세요. 매일 아침 일어날 때마다 늘 도전이 우리 앞에 기다리지만 계속 싸우고 헤쳐나가세요"라고 했습니다. 타이거 우즈는 이혼, 약물중독 등의 아픔을 딛고 재기에 성공했습니다. 우리 개인 한 사람 한 사람의 삶도 도전과 응전의 연속이라 생각합니다. 현명하게 대응하는 사람에게 기회와 보상이 있지 않을까요.

첫 편지를 보내고 세분으로부터 아름다운 답장을 받았습니다. 답장을 보내주신 분께 고맙다는 인사를 드립니다. (2019. 4. 22)

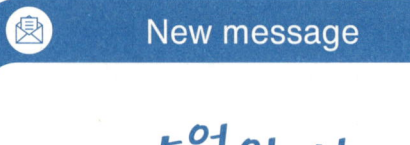

5월이 시작되는 날입니다. 내일은 부산시의 CEO 평가가 있습니다. CEO의 리더십과 책임경영에 대한 평가입니다. 공단의 미래비전과 목표를 잘 설정하고 책임 있게 수행해야 하는 막중함을 다시 한 번 새기는 시간입니다.

지난주에 원샷미팅(One-Shot Meeting)*을 통해 본부 청사 건립을 본격적으로 추진하기로 했습니다. 본부 청사가 하수 유입동과 기계 전기실 위에 있어 소음과 진동, 악취에 상시 노출되어 직원들의 건강이 우려되는 데다 건물 노후로 누수도 있습니다. 부산시, 시의회를 비롯하여 시민, 언론 등 이해당사자의 협조를 구해야 하는 어려운 일이긴 합니다만 청사

---

* One-Shot Meeting(원샷미팅) : 현안문제를 다각적으로 한방에 해결하도록 임원, 소관부서, 전문가, 실무자 등이 한데 모여 한 번에 해결하는 솔루션 회의기법

건립에 모두가 함께한다면 가능한 일입니다.

　5월 1일은 근로자의 날입니다. 근로의 의미를 되새기고 하루라도 힘든 작업을 내려놓고 휴식을 갖는 시간이 되길 바랍니다. 아울러 상황근무를 하는 71명의 직원 여러분께는 감사의 말씀과 시설운영 관리에 최선을 다해달라는 부탁의 말씀을 드립니다.
　올해 우리 공단은 지역주민과 함께하는 소통과 나눔 공감을 높여 가는 프로그램을 기획하고 있습니다. 환경공원의 체육시설 이용 주민을 대상으로 그라운드골프대회(5·14), 친환경 축구대회(6·9)를 개최하고 하반기에는 족구 등 이사장배 체육대회를 계획하고 있습니다. 특히, 수영과 강변사업소에서 '우리 동네 작은 음악회'를 열어 지역주민에겐 음악적 문화 공감을, 지역 음악인에겐 활동공간과 나눔을 드리고자 합니다.
　자원사업처에서는 1회용품 줄이기 운동을 펼쳐 나간다고 합니다. 여러분은 화장실에서 페이퍼 타올과 핸드 드라이어 중 어느 것이 바람직하다고 생각합니까. 페이퍼 타올은 연간 40만 원, 핸드 드라이어는 6만 원 정도의 비용이 지출된다고 합니다. 또한 시민소통안전실에서 부산디자인센터와 함께 공단만의 차별화된 에코백(Eco Bag)을 만들고 있습니다. 하반기에 대대적인 캠페인을 통해 에코백 사용하기 운동을 추진해 나갈 것입니다.
　5월은 어린이날, 어버이날, 스승의 날, 성년의 날, 부부의 날이 있어 특집방송 같은 5월입니다. 스스로 건강하고 행복한 시간을 만들어가는 지혜를 발휘하시길 바라면서 한때 좋아했던 이해인 수녀님의 〈5월의 시〉를 배송해 드립니다. (2019. 4. 29)

> **New message**
>
> # 위캔(We CAN) 미팅*

직원 여러분, 시간은 변함없이 흘러 공단에 온 지도 6개월이 흘렀습니다. 저 나름대로는 공단 목적사업의 안정적 운영을 위한 기반 구축, 시민에게 신뢰받는 공단이 되기 위한 소통과 공감 강화, 사회적 책임을 다하는 공단, 근무하기 좋은 직장 만들기를 위해 노력해 왔으나 부족하거나 아쉬운 점도 있습니다.

지난주 월요일은 대체공휴일이라 월요편지가 없었습니다. 7일에 경영전략회의와 간부 청렴특강이 있었고, 8일에는 희망손수레 전달식, 9일에는 노사가 함께하는 위캔(We CAN) 미팅이 있었습니다. 그 외에도 지방공기업 합동워크숍, BSC성과지표 설명회, 예산성과금 심사, 경영평가급

---

* 위캔(We CAN) 미팅 : '모두 같이(We) 소통하고(Communicate) 공감하며(Agree) 바로 지금(Now)'이라는 영문 앞 글자를 딴 조합어로 현안과 이슈에 대한 토크 콘서트 방식의 회의체 활동

지급을 위한 다면평가, 환경모니터링단 그린투어 등 다양한 일들이 있었습니다. 위캔 미팅에서 우리 직원들이 민원에 대해 아주 긍정적인 자세로 임하고 있다는 것을 확인했습니다. 제가 부탁드린 민원처리 3S(smile, speed, satisfaction)를 꼭 실천해 주시기를 바랍니다. 또한 10, 11일에는 부산시 주관으로 민선7기 대시민서비스 질 제고를 위한 「공공기관 시민 체감형 혁신보고회」가 1박 2일 동안 인재개발원에서 열렸습니다. 공공기관들이 내부혁신과 시민이 체감할 수 있는 시책과 사업개발에 엄청난 노력을 하고 있는 모습을 보면서 우리 공단도 더욱 분발해야겠다는 생각을 했습니다.

이번 주부터 부산시 정기 종합감사가 시작됩니다. 철저한 감사 준비와 열심히 일한 성과를 100% 설명하겠다는 수감 자세를 당부드립니다.

사업소별 하수처리 수질현황을 매주 월요일 아침에 보고 받아 왔습니다. 수질관리도 중요하지만 여름으로 접어드는 시점에 악취를 걱정해야 합니다. 수질현황 보고는 월간보고로 전환하고 여름철 현안과제에 집중하도록 하겠습니다. 하수사업처에서는 사업소별 현장맞춤형 운영매뉴얼 제작에 심혈을 기울이고 있습니다. 꼼꼼히 살펴 현장대응에 실용적인 매뉴얼을 만들어주시고 만들어진 매뉴얼에 대해선 전 직원이 숙지하도록 교육과 훈련이 계속되어야 합니다.

우리 공단이 만든 사내자격제도의 환경시설관리사 시험이 6월 5일에 있습니다. 주관부서와 용역사는 자격시험에 걸맞게 시험관리를 하고 있습니다. 그동안 온라인 강의도 있었고, 수험준비도 열심히 했을 거라 믿기에 공단의 많은 직원이 자격을 취득할 것으로 기대합니다. 합격을 기원합니다. (2019. 5. 13)

고객만족도 조사

직원 여러분, 주말 잘 보내셨는지 안부를 전합니다. 5월은 각종 기념일이 많아 개인적인 시간보다 가족, 학연과 지연, 종교 관련 행사에 더 많은 시간을 할애해야 합니다. 시간에 보태어 비용도 제법 지출되었겠지요. 살아오면서 느끼는 것은 시간은 되돌아오지 않는다는 것과 지금 해야 할 일을 하지 않으면 다음에 후회하게 된다는 것입니다. 가족에 대한 관심은 언제나 지금 해야 하는 일이고 나중에는 하려 해도 할 수 없는 것이라고 생각합니다.

이번 주 목요일에는 2019년 임금인상 협약 체결식이 있습니다. 노사협상을 시작할 당시 상반기 중으로 합의를 하자는 공감대가 결실을 맺어 원만히 협상이 타결되었습니다. 그동안 실무협상을 진행해 주신 노사교섭위원님들의 수고에 감사드립니다. 또한 협상을 이끌어 합의의 결단을 해주신 김현석 노조위원장님께도 고맙다는 인사를 드립니다. 앞으로도 직원들의 복지증진에 노력하여 근무하기 좋은 공단이 되도록 최선을 다하겠습니다.

행정안전부에서 실시한 고객만족도 조사결과가 발표되었습니다. 우리 공단은 전년도 72.15점에서 올해 73.23점으로 조금 높아졌습니다. 순위는 5등 중 4등이지만 계속 향상되고 있다는 점과 타 기관과의 격차를 줄이고 있다는 점에 위안을 삼습니다. 광역시 환경공단군이 다른 공단군에 비해 고객만족도가 낮게 나옵니다. 하수처리장이나 소각장 등 환경기초시설에 대한 주민 인식을 반영한 것이라 여겨집니다.

우리 공단은 일반시민을 대상으로 환경기초시설의 불가피성을 널리 알리고 협조를 당부드리며 시설 주변의 지역주민들에게는 환경모니터링단을 통해 의견을 수렴해서 반영해 나가고, 체육행사나 작은음악회 등을 통해 공감대를 만들어가고 있습니다. 각 사업소에서도 지역주민의 신뢰를 얻는 다양한 시책들을 발굴·시행해 주시길 바랍니다.

우리 공단이 슬레이트 철거 및 개량사업을 하는 것은 다 알고 계시죠. 지난주에 공단과 국제로타리클럽3661지구의 석면슬레이트 지붕개량 지원대상 주택 준공식이 열렸습니다. 노후 슬레이트 지붕이 많이 있습니다. 철거 비용은 국·시비가 지원되나 개량 비용은 지원이 적어 모자라는 비용을 민간 후원으로 해결하고 있습니다. 그동안 직원들의 노력으로 국제로타리클럽, 부산은행, ㈜세정기업의 후원을 받아 사업을 진행해왔습니다. 지역의 어려운 분들에게 조그마한 힘이라도 보태려는 직원들이 고맙습니다. 다함께 살아가는 공동체를 만들어 가는데 우리 공단도 그 책임을 다해야 한다고 생각합니다. (2019. 5. 20)

> **New message** ✕
>
> 공적개발원조(ODA)
> 사업 발굴

직원 여러분, 5월도 이번 주가 지나면 막을 내리고 6월을 맞이합니다. 바쁜 업무 속에서 그 많은 5월의 행사를 감내하시느라 시간과 돈이 제법 지출되었겠지요. 살아오면서 하찮아 보이는 일들도 그 나름의 의미를 갖고 있다는 걸 종종 느낍니다. 여러분에게도 5월에 했던 일들이 가치 있고 추억할 만한 것이었기를 바랍니다.

이번 주에는 공단에서 의미 있는 일을 하게 됩니다. 31일 금요일 저녁에 수영사업소 환경공원에서 「우리동네 작은 음악회」가 열리고, 주말엔 부산시가 주최하는 정책박람회에 공단 부스를 운영해야 합니다. 음악회는 우리가 운영하는 환경기초시설이 더는 혐오시설이 아님을 홍보하고 인근 지역주민들에게 감사의 의미를 담아 개최합니다. 정책박람회는 우리가 하는 일을 시민들에게 널리 알리기 위해 열고 있습니다. 일과시간 이후이고 주말이라 자발적인 참여를 받은 결과 많은 직원들이 함께 해주

서서 고맙다는 인사를 전합니다. 직원들의 열정을 느낍니다.

부산시가 하수도정비 기본계획(변경) 수립 용역을 발주합니다. 우리 공단은 이번 용역에 적극 대응하여 공단 현안들을 기본계획에 반영하고자 합니다. 수영하수처리장의 고도화 사업 등 하수처리장 개선사업, 동부산 하수처리장 통합방안 그리고 하수관로 업무의 통합화와 관로 개선사업 등 하수처리와 관로 관리에 대한 장기적인 운영방안을 담고자 합니다.

올 11월에 한 아세안 특별정상회의가 부산에서 열리는 것 아시죠. 부산시는 한국국제협력단(KOICA)과 함께 부산형 공적개발원조(ODA) 사업 발굴에 노력하고 있습니다. 우리 공단이 국제교류를 확대하고 지역기업의 해외진출을 지원하며, 글로벌 환경공기업으로 나아가고자 하는 방향성을 감안 할 때 지역기업과 연계한 환경관련 ODA 사업을 이번 기회에 꼭 발굴해야 한다고 생각합니다. 우리 모두 담당부서인 환경연구소의 건투를 빌며 응원을 해줍시다.

차세대 경영정보시스템 구축용역이 차질 없이 진행되고 있습니다. 착수 보고회 때 실무자와 팀장님들의 관심과 의지에 받은 감동의 여운이 여전합니다. 좋은 결과가 나오기를 기대합니다.

부산시 정기감사 수감과 행안부 경영평가에 대응 중인 직원들에게 수고한다는 인사를 전합니다. 땀의 대가를 정당하게 평가 받을 수 있도록 주말에도 마다않고 실적자료를 정리하며 준비에 만전을 기하는 모습을 보면서 여러분이 공단의 주인임을 새삼 느낍니다. (2019. 5. 27)

- 답장 중에서 -

저는 도로 위 미세먼지 흡입차량을 운전하고 있습니다. 월요일마다 이사장님 편지를 읽는 것이 하나의 즐거움이 되었습니다. 무엇보다 공단의 소식을 현장까지 알려주시고 경영상의 여러 어려움에 대해 소통하려는 진정성에 감동을 받았습니다. 저도 시민을 위한 맑은 공기를 제공하는데 자부심을 가지고 현장에 임하겠습니다. 감사합니다. (○○사업소 J주임)

> **New message**
>
> # 성실(誠實)

지난주에는 직원들이 매우 바쁜 일정을 소화했습니다. 그동안 감사받느라고 모두들 수고하셨습니다.

수영하수처리장 환경공원에서 개최된 우리동네 작은 음악회도 지역주민들을 모시고 성황리에 잘 마쳤습니다. 이 행사는 인근의 지역주민들에게 감사의 인사를 드리고, 또한 지역의 청년 음악가에게 공연의 기회를 제공해 드리고자 추진한 것입니다. 소소한 아이디어들이 모여 행사를 풍성하게 해준 시민소통안전실 직원들에게 감사의 인사를 전합니다. 주말 시민공원에서 개최된 '행복정책박람회'에서 우리 공단의 부스가 문전성시를 이룰 정도로 인기가 많았습니다. 행사에 자원봉사를 해주신 직원 여러분의 열정과 참여에 존경을 표합니다.

오늘 열린 경영전략회의에서 연초 수립한 사업들의 추진상황을 점검했습니다. 최선을 다하고 있음을 확인했습니다. 물론 꼼꼼히 들추어보면 부족하거나 선례 답습적으로 처리되고 있는 일들도 없지 않았습니다. 경영평가 고객만족도 조사에서 아직도 낮은 점수를 받는 것을 환경과 상황의 탓으로 돌리지 말고 우리 공단이 시민으로부터 신뢰를 받도록 보다 적극적인 업무추진과 지역주민과의 소통을 당부드립니다.

직원 여러분은 성실(誠實)하다는 걸 어떻게 생각하십니까. 저 사람이 참 성실하다고 할 때 보통 "부지런하거나 마음씨가 좋은 사람"을 떠 올립니다. 그러나 실제 성실은 좀 다른 의미를 말합니다. 성(誠)이란 말씀 언(言)변에 이룰 성(成)의 합성어로 '말을 이루어낸다', 즉 언행일치(言行一致)의 뜻을 지닌 단어입니다. 또한 실(實)은 나무의 열매나 일의 결과를 뜻합니다. 따라서 사람이 성실하다는 것은 "자기가 맡은 일은 꼭 이루어내는 사람"을 지칭합니다. 그래서 누구나 성실한 것 같지만 모두가 성실하지 않다는 것입니다. 성실을 삶과 일의 기준으로 정할 때 참고하시기 바랍니다.

6월 5일은 환경의 날입니다. 1972년 6월 5일 스웨덴 스톡홀름에서 '하나뿐인 지구(only, one earth)'를 주제로 인류 최초의 세계적인 환경회의가 열렸고 이날을 세계 환경의 날로 지정하였습니다. 우리나라는 1996년에 법정기념일로 정하고 국민의 환경보전 의식함양과 실천의 생활화를 위해 각종 행사를 하고 있습니다. 우리 공단도 이날을 기념하여 환경다큐「순환경제사회 - 쓰레기도 자원이다」를 제작해서 TV를 통해 방영하고, 환경 디카시 공모전을 개최할 계획입니다. 특히 자원순환은 쓰레기의 직매립 제로화라는 정부정책과 관련하여 우리 공단이 풀어나가야 할 큰 과제이기도 합니다. (2019. 6. 3)

지난주에는 생곡대책위원회의 재활용 쓰레기 반입을 반대하는 시위가 벌어져 직원들을 비가 오는 가운데 밤을 새워 현장을 지키게 하여 송구스럽게 생각합니다. 향후 협상이 원만히 마무리되어 이번과 같은 사례가 반복되지 않기를 바라고 있으나, 여러 상황을 감안해 보면 생곡마을의 이주문제가 해결될 때까지 현안으로 남을 것으로 보입니다.

올 11월에 부산에서 한·아세안 특별정상회의가 열리는 거 알고 계시죠. 정부에서는 이번 행사와 관련하여 부산시와 지역기업을 연계하여 아세안국가들에게 ODA(공적개발원조) 사업을 추진하고 있습니다. 우리 공단도 지역 환경기업과 협력하여 미얀마, 베트남, 캄보디아 등에 오폐수 처리와 하수찌꺼기 자원화사업을 지원하는 ODA 사업을 추진해 보려고 합니다. 환경연구소에서 노력한 만큼 성과가 있기를 기대합니다.

여직원 교대근무 시범운영을 위한 노사실무팀의 추진경과 보고가 있었습니다. 그동안 여직원 배치방안과 시범운영 등 제반 상황을 검토해왔고 의견수렴을 거친 후에 확정할 계획입니다. 시범운영인 만큼 노사합의에 따라 시행하겠습니다.

제1회 공단 이사장배 축구대회가 강변사업소 축구장에서 열렸습니다. 일요일에 관련 부서와 사업소 직원들이 수고해 주셨습니다. 이런 체육대회나 음악회 행사는 우리 시설 주변 지역주민과 소통하고 그분들의 협조에 감사드리는 의미를 담고 있습니다.

내일부터 호치민에서 열리는 2019 베트남 환경·에너지산업전에 참가합니다. 우리 공단도 별도의 독립된 부스를 설치하고 홍보를 할 계획이며, 호치민시의 하수와 쓰레기 처리시설도 둘러볼 계획입니다. 우리 공단과 협력할 사업이 있는지, 지역기업의 진출에 도움이 될 수 있는지 살펴보고자 합니다.

공단 간부에 대한 조합원 인식수준 설문조사 결과를 들었습니다. 우선 전년과 비교하여 간부 신뢰도가 낮게 나온 점에 대해 이사장으로 책임을 느낍니다. 간부들에게 요구하는 소통과 신뢰, 책임성과 솔선수범의 자세가 미흡한 것에 미안하고 향후 개선을 위한 노력을 게을리 하지 않도록 하겠습니다. 다만 저는 같이 근무하고 싶거나 근무하고 싶지 않거나 하는 단편적인 조사는 좋아하지 않습니다. 하지만 간부로서의 품위와 언행, 역할을 제대로 수행하지 않는 것에 대해서는 조치를 해나갈 것입니다.

여름이 가까이 오고 있습니다. 건강한 신체에서 행복도 찾아옵니다. 건강과 안전에 각별한 주의를 당부드립니다. (2019. 6. 10)

『90년생이 온다』

어제 시청에 보고가 있어 월요편지를 쓰지 못하고 오늘 작성하게 되었습니다. 본사 청사문제와 현안사항에 대해 시의 협조를 당부했습니다. 아무래도 이번 주는 승진과 전보에 관한 소식이 직원들 사이에 많이 회자되겠지요.

승진과 전보 인사는 상당히 어려운 작업일 뿐만 아니라 이사장의 책임업무 가운데 가장 중요한 일 중의 하나입니다. 다양한 의견을 수렴하였으나 미진한 부분은 채워나가고 또한 개인의 의견도 듣겠습니다.

흔히 '다양성'을 생각하면 개인의 인종, 젠더, 종교 등이 먼저 떠오릅니다. 하지만 미국 마케팅 컨설팅회사 CEO 켈리 맥도날드는 그의 저서『당신과는 다른 사람들과 함께 일하고 그들을 이끄는 방법(How to Work With and Lead People not Like You : Practical Solutions for Today's Diverse

Workplace)』에서 다양성은 '나와는 다른 모든 것 (any way that you can be different from me)'이라고 했습니다. 내향적인 사람과 외향적인 사람이 다르고 매사에 심사숙고하는 사람과 빠르게 판단하고 결정하는 사람이 다르며, 일반 행정가와 엔지니어가 다른 특성을 갖고 있습니다. 이들이 업무를 진행하는 방식과 고객과 동료를 대하는 태도도 다릅니다. 『90년생이 온다』라는 책에서처럼 우리 공단의 신입직원들은 참으로 다양한 특성을 갖고 있다고 생각합니다. 특히 간부직원들은 이들을 대하는 마음과 태도를 바꾸어가야 합니다. 일전에 있었던 노동조합의 설문조사 결과를 보면 먼저 변화하지 않으면 변화 당할 수 있다는 것을 느낍니다.

간부들은 여름휴가 동안 자신을 되돌아보는 기회를 갖기 바랍니다. 이번 주가 지나면 민선7기 1년이 됩니다. 「시민이 행복한 동북아 해양수도 부산」을 시정 슬로건으로 변화와 혁신을 추구하고 있습니다. 마찬가지로 우리 공단도 시민의 행복을 위해 다양한 시책으로 시민과의 소통을 크게 확대해나가고 있습니다. 직원 여러분의 다양한 의견과 동참을 기대합니다. (2019. 6. 24)

- 답장 중에서 -

4·15 월요편지가 첫 배달된 이후 벌써 열 번째, 꼼꼼하게 편지를 읽어 보는 직원들의 모습을 찾을 수가 있습니다. 행간을 짚어가며 글쓴이의 마음을 헤아리고 기억에 남아 업무반영의 수용력도 높아진 것 같습니다. 저는 1편부터 10편까지 하나의 파일로 묶어두고 필요할 때 종종 활용하고 있습니다.

(○○사업단 M소장)

의전관행 탈피

오늘 아침에 민선 7기 1주년을 기념하는 부산시 정례조례에 참석했습니다. 시장님은 "새롭게 시작되는 민선7기의 2년째 해는 시민의 실질적인 삶의 질 향상과 부산의 새로운 성장 동력을 만들어내는 데 집중할 것이며, 시정의 중심에 사람을 두고 미결사항을 해결하면서 부산의 변화와 미래를 위한 설계도를 그리는데 직원 여러분에게 감사와 격려의 박수를 보낸다"라고 했습니다. 또한 "무엇보다 시민이 행복해야 공무원이 행복할 수 있다며 시장을 위한 공무원이 아니라 시민을 위한 공무원이 돼 줄 것"을 당부했습니다. 그리고 "차 문고리를 잡고 열어주는 행위를 하지 말라"고 부탁도 했습니다. 우리 공단도 부산시정의 방향에 맞춰 나가야 할 것입니다. 저도 취임 당시 내가 할 수 있는 일, 가령 승용차 문 열기, 엘리베이터 잡기 등은 직접 하겠다는 말을 했습니다. 우리 함께 기존의 습관과 태도를 끊임없이 바꾸어 갑시다.

상반기 업무 추진상황을 시의회에 보고하기 위해 업무 추진상황을 정리하고 있습니다. 우리가 하는 일들이 시의회를 통해 시민들에게 제대로 알려야 하지 않겠습니까. 소관부서에서도 잘 정리해 주시길 바랍니다.

상반기 재정 신속집행을 위해 애쓰신 직원 여러분의 노고에 감사드립니다. 우리 공단은 62.3%의 집행률을 달성하여 당초 목표율을 넘었습니다. 작은 일이라도 최선을 다할 때 좋은 결과가 나온다고 생각합니다.

하계 기술 분야 대학생 현장실습이 시작됩니다. 1, 2기로 나누어 각 19명의 대학생이 본부 분석지원팀, 사업소 실험실 등에서 환경공단의 업무를 배우게 됩니다. 미래의 'BECO人'이 될 수도 있는 만큼 담당부서에서는 각별한 관심을 갖고 지도해 주시길 바랍니다. 또한 중국 유학생 1명도 우리 공단에서 인턴십 프로그램에 참여하게 됩니다. 앞으로 중국, 동남아지역의 공무원이나 유학생들의 현장실습의 기회가 계속 확대될 전망입니다. 이러한 교류를 통해 글로벌 협력과 지역기업의 해외진출에 도움이 되고자 합니다. 해외 ODA 사업에도 나름 성과가 있을 것으로 보입니다.

하계휴가 계획을 세우는 시간입니다. 이번 휴가가 개인의 행복을 찾고 힐링을 하는 의미 있는 시간이 되길 바랍니다. 저는 여건이 허락되면 입대한 아들의 군부대에 가 볼 생각입니다. 어떤 곳에서 군복무를 하는지 한 번은 보고 싶으니까요. (2019. 7. 1)

---

* BECO : 부산환경공단(Busan Environmental Corporation)의 영문 약칭이다.

　지난 주말은 좀 들뜬 마음으로 보냈습니다. 공단 간부의 혼사도 있었지만 우리 공단이 올해도 정부의 경영평가 결과 '가' 등급을 받아 최우수기관으로 선정되었다는 공식 발표와 언론보도가 있었습니다. 모든 직원들이 합심해서 이룩한 노력의 결과라고 생각합니다. 여러분들에게 감사의 인사를 드리고, 또 함께 축하를 하고자 합니다.

　행정안전부는 지난 3월부터 6월까지 전국 159개 지방공기업을 대상으로 일자리 확대, 사회적 가치 구현 등 공기업의 사회적 책임과 경영 효율성의 균형에 초점을 두고 경영평가를 실시했습니다.

　우리 공단은 이번 평가에서 하수처리장, 소각 및 매립장, 도로 위 미세먼지 제거사업 등 환경기초시설의 효율적인 경영관리는 물론, 혁신경영·안전경영·윤리경영을 3대 경영방침으로 재정립하고 '시민행복 경영혁신 TF팀 운영', 시민소통·안전·인권 중심의 본부조직 개편, 일자리 빌드업

프로그램을 통한 정규직 77명의 지역인재 고용과 저소득층의 석면슬레이트 지붕개량사업에 대한 민간기업·단체와의 결연 확대를 통한 재정지원 사업 유치, 대시민 환경교육을 위한 거버넌스 구축, 현장 맞춤형 사내 자격제도 최초 도입 등 핵심 시책을 성공적으로 추진해 평가에서 높은 점수를 받았습니다.

공단은 이밖에도 민간 업체가 운영하던 집단에너지 공급 시설을 인수받아 연간 55억 원의 운영비용과 온실가스 감축으로 배출권 구매예산 연간 32억 원 상당의 예산을 절감하는 등 전문화된 환경기술의 우수한 경영 성과를 인정받았습니다. 아울러 지난 5월에는 우리 공단이 환경·안전·청렴 등 경영 리스크에 대한 집중적인 관리와 정부 및 시정 혁신의 선도적 추진, 양질의 일자리 창출과 사회적 약자 지원 등 사회적 가치 중심의 경영 체계를 강화해 작년부터 도입된 정부혁신 평가에서 국무총리 표창을 수상하기도 했습니다.

저는 이번 평가 결과가 우리 공단의 모든 임직원이 오직 시민만을 생각하고 업무에 전념한 결과라고 생각합니다. 또한 앞으로도 이에 만족하지 않고 글로벌 최고 수준의 더 나은 환경 서비스를 시민에게 제공하고 시민이 행복해지는 부산을 만드는데 최선을 다하고자 합니다. 다시 한 번 직원 여러분의 노고에 감사드리고 축하 인사를 올립니다. (2019. 7. 8)

> **New message** ✕
>
> # 권학시(勸學詩)

여름의 불볕더위가 실감나지 않는 요즘 날씨입니다. 제법 시원한 바람도 있어 오히려 기후변화를 걱정해야 할 정도입니다. 건강에 유념해야 하는 시기입니다.

이번 주에는 시의회에 상반기 업무추진상황을 보고합니다. 그동안 직원들이 수고한 내용을 시민들에게 보고하는 것입니다. 보고에서 소홀히 다루었거나 빠진 업무 중에 시민이 알아야 하거나 또 알려야 하는 것이 있다면 부서나 사업소에서 적극적으로 알려주시기 바랍니다.

> 미각지당춘초몽(未覺池塘春草夢),
> 계전오엽이추성(階前梧葉已秋聲)
> 연못가의 봄 풀은 아직 꿈에서 깨지도 못했는데,
> 섬돌 앞 오동잎은 이미 가을 소리를 내는구나.

학창시절 늘 아버지께서 일러주시던 주자(朱子)의 권학시(勸學詩) 구절의 일부를 페이스북 친구의 글에서 보고 다시금 생각해 봅니다. 시간의 빠름을 절묘하게 시적으로 표현한 글입니다. 우리가 시간의 빠름을 이해할 때 언제나 미래를 대비할 줄도 알아야 합니다. 작금의 현상과 변화를 보고 있다면 향후에 전개될 양상도 머릿속에 그려 보아야 합니다. 나의 존재, 내 가족의 삶, 직장의 변화, 지역 및 국가의 흐름 등에 대한 통찰이 요구되는 시간입니다. 오늘 나의 준비 소홀이 가져올 내일의 고난을 상상해야 합니다.

우리는 1997년 IMF 관리체제와 10년 뒤에 글로벌 금융위기를 경험했었죠. 저는 그 당시에 부산시에서 담당계장과 과장을 하면서 뼈저리게 개인의 삶과 지역경제가 몰락하는 걸 지켜보았습니다. 영화「국가부도의 날」을 보면 개인과 기업, 국가가 무너져가고 유린당하는 모습을 생생히 볼 수 있습니다. 물론 영화라서 사실에 바탕하지 않은 부분도 있지만요. 하지만 유비무환(有備無患)의 자세가 필요한 시점이 지금이라고 생각합니다.

우리 공단도 미래 변화에 대응하기 위한 노력을 게을리하지 않을 것입니다. 저 스스로도 긴장의 끈을 더욱 조여 매고자 합니다. 공단의 업무가 소홀히 처리되는 점은 없는지, 안전이 확보되지 않아 사고우려가 있는 곳은 없는지, 낭비되거나 절약할 수 있는 예산이 없는지 등을 차분히 들여다보고자 합니다.

우리 공단에 근무하는 직원 한 분 한 분이 현재와 다가오는 미래의 어려움을 슬기롭게 극복해 삶이 행복하기를 바랍니다. (2019. 7. 15)

- 답장 중에서 -

월요편지가 오늘따라 너무 마음에 와닿습니다. 항상 오늘을 직시하고 내일을 바라보는 통찰력이 있다면 얼마나 좋겠습니까. 준비 없이 하루하루를 지내다보면 후회할 일도 많겠죠. 월요편지처럼 항상 준비하는 마음자세를 갖도록 하겠습니다.

(○○사업소 L과장)

신입직원 당부

지난주 우리 모두가 우울하고 마음이 불편한 시간을 보낸 것 같아 무거운 책임을 느낍니다. 노동조합에서 투쟁1호 '도저히 납득하기 힘든 공단 간부 밀실인사 즉각 중단하라', 투쟁2호 '일방통행 강행한 경영진과 더 이상의 대화를 거부한다'는 성명서를 게시판에 게재했습니다.

저는 한진홍 본부장님의 갑작스러운 명예퇴직으로 인한 공백을 조기에 메우기 위해 본부장님의 양해를 구하고 필요한 최소한의 간부인사를 단행했습니다. '인사가 만사라' 했는데 직원들 인사가 아닌 간부인사 문제로 우리 직원들에게 걱정을 끼쳐드려 이사장으로서 미안하다는 말씀을 드립니다. 간부인사는 그동안 우리 공단을 위해 헌신한 정도와 담당조직을 잘 이끌 능력을 감안해서 해왔고, 앞으로도 간부 한 사람 한 사람의 성장과 우리 공단의 발전에 보탬이 되도록 인사를 할 것입니다.

이번 기회에 최근에 채용한 직원들에게 몇 가지 당부말씀을 드리고자 합니다. 첫째는 우리 공단의 인재상에 나오는 'PING'입니다. 이 PING은 열정(Passion), 혁신(Innovation), 소통(Networking)과 협력, 글로벌 (Globality) 4가지가 있습니다. 솔직히 제가 제일 좋아하는 말이기도 합니다. 여러분이 직장에서나 인생을 살아가면서 이 키워드를 항상 머리맡에 두었으면 합니다.

두 번째는 말 속에 뼈가 있다, 언중유골(言中有骨)이라는 말입니다. 가령 상사들이 직원에게 "착하다"라고 한 말은 글자 그대로 칭찬의 의미일 수도 있고, '참 일머리가 없다. 일을 잘 못한다'는 의미도 있습니다. 상사들이 나에 대해 말을 할 때, 나를 들여다볼 필요가 있습니다.

세 번째는 여태까지 30년 세월을 살아오면서 어떻게 살아왔는지 개개인의 삶은 잘 모르지만 언제나 새겨야 할 이야기 중의 하나가 오늘 새롭고 내일도 새롭게 한다는 일일신 우일신(日日新 又日新)입니다. 다람쥐 쳇바퀴 돌아가는 세상 속에서도 항상 새로운 것들을 만들어내는 사람이 되려고 노력하는 것이 중요합니다.

네 번째는 스몰토크(small talk), 워라밸 대화입니다. 우리 직장을 예로 들어 볼게요. 평소에는 내가 하는 일을 처장님한테 보고할 시간이 없어요. 그런데 티타임, 점심시간 등 자투리 시간, 스몰토크 시간에 나의 업무 추진상황을 말하고, 처장님의 조언, 의견들을 듣습니다. 이거 잘하는 사람이 일 잘하는 사람이 되고, 상사로부터 신뢰를 얻습니다. 직장에서 성공하는 비결인 셈입니다.

다섯째는 '일머리 기르기'입니다. 직원 때에 이 일머리를 길러놓지 않으면 과장, 차장, 팀장이 돼서도 업무 처리에 어려움을 겪게 됩니다. 내가 일을 못한다는 것을 자신보다는 밑에 있는 직원들이, 위의 상사가 먼저 압니다. 일머리는 실패에서 배울 수도 있고, 상사로부터 또는 다른 사람으로부터도 배울 수 있습니다. 바로 현장에서 실제 경험으로 배웁니다. 그래서 직원 때에 남들보다 더 많은 일을 경험하면 할수록 진급해 일을 더 잘합니다.

광주 세계수영선수권대회와 광안대교 걷기행사에 동행해 주신 직원 여러분께 감사인사를 드립니다. 광주까지는 먼 거리인지라 오고가는 길이 힘들었을 겁니다. 토요일 이른 아침의 걷기행사 참석에도 어려움이 많았지만 기꺼이 함께 해주셨습니다. 나의 관심과 배려가 우리 사회나 조직에 큰 힘이 됩니다. 고맙습니다.

건강하고 유익한 여름휴가를 즐기시길 바랍니다. (2019. 7. 29)

군대 면회

　지난주 저의 휴가로 월요편지가 쉬었습니다. 휴가 중에 정관 수질사고, 태풍으로 인한 비상근무, 대형 하수관로 파손사고로 인한 하수누출 등 크고 작은 일들이 있었으나 여러분들이 잘 대응해 주셔서 감사드립니다.
　오늘은 '학교 분류식 하수관로 연결 협력사업' 업무협약을 부산시, 교육청과 체결했습니다. 작년 「혁신 TF」가 구성되어 혁신안으로 부산시에 건의하여 시와 부산교육청이 사업의 필요성에 공감을 하고 오늘 협약 체결식을 가졌습니다. 이런 안을 제시해준 하수사업처 직원 여러분께 고맙다는 인사를 전하며 앞으로도 이러한 정책 대안이 다양하게 상시적으로 발휘되기를 기대해 봅니다.
　오늘 편지는 지난주 휴가기간 다녀온 여정에서 메모형식으로 적어 두었던 내용을 정리해서 공유합니다.

공무원 퇴직 후 1년, 휴가와 가족만남. 작년 8월 1일 정든 직장을 퇴직한 날이다. 그래서 여름휴가를 냈다. 1년의 시간이 이렇게 금방 지나가다니... 지나고 보면 아쉬움과 부족함으로 가득한 세월이었음을 반성한다. 언제나 일일신 우일신(日日新 又日新)의 자세로 매사를 임하고자 하나 결과는 마음에 내키지 않는다. 퇴임 시에 적었던 '보이지 않는 사랑은 사랑이 아니었음을' 실천하려고 했는데 지난 1년에 조금이라도 다가갔을까. 군에 간 아들을 만나러 철원 백골부대를 다녀왔다. 참 먼 길이다. 부대 개방행사가 있어 아들의 거처를 확인해 두고 싶었다. 언젠가 아들과 대화를 할 때 그 추억을 공유하고 또 연말이면 제대를 할 건데 향후 진로나 삶에 대해서도 듣고 싶었다. 많이 성숙해지고 있다는 생각이 들어 조금은 다행이다. 돌아오는 길에 서울 있는 딸도 만났다. 회사에서 무슨 시험을 치르느라고 생고생을 하고, 학교 때보다도 더 공부를 많이 한다고 푸념을 떤다. 공부하라고 닦달하지 않았던 부모를 탓하는 건 아니겠지. 언어감각, 남을 대하는 태도, 문제해결 지향적인 생각이 뛰어나다고 생각하는데 당사자는 동의할까! 딸과의 대화는 항상 즐겁다. 서로 질문이 많고, 또 다른 생각을 서로 공유한다. 공직문화와 첨단 IT기업문화를 경험하는 우리는 다름을 인정하고 서로를 배운다. 휴가 여정을 함께 한 아내는 언제나 애들 걱정이다. 안전 또 안전이 제일. 힘들고 긴 시간을 동행하면서 또 우리의 미래를 꿈꾼다. 퇴직, 아들학업, 자식결혼 등 미래에 대한 다양한 해석을 한다. 그래도 휴간데 따뜻한 밥 한 끼라도 직접 만들어 아내를 즐겁게 해야지. 남들처럼 해외여행도 못 가는데. 맛이 있을지 조금은 걱정이다. 이렇게 1년을 정리하고 또 다른 1년을 맞이한다. 여름의 막바지. 건강에 더 유의하자. (2019. 8. 12)

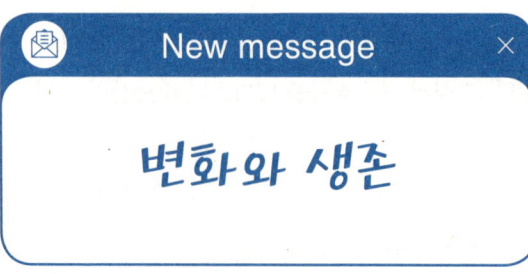

변화와 생존

직원 여러분, 여름을 잘 보내고 있습니까. 보통 8·15 광복절이 지나면 더위도 한풀 꺾여 바닷물도 차가워지기 시작합니다. 이럴 때에는 아침저녁으로 기온차가 심하여 자칫 감기에 걸리기 쉽습니다. 자신의 건강은 스스로 지켜나가야 하겠지요.

조직의 혁신과 변화는 쉬지 않고 계속됩니다. 개인도 오늘보다 다른 내일을 만들고자 노력하듯이 조직도 지속적으로 변화하여 환경에 적응해 나갑니다. 찰스 다윈은 가장 강한 자가 살아남는 게 아니라 가장 적응을 잘 하는 자가 살아남는다고 합니다. 우리 공단은 정부가 요구하는 경영혁신 계획도 수립하여 제출하고, '원 페이지 업무편람' 전면 개편과 워크 다이어트(Work Diet)도 추진하며, 또한 부산시의 하수사업 경영수지 개선계획에도 대응해 나가고 있습니다. 사업 관련 발명특허, 환경ODA 사업, 하수처리장 에너지관리시스템 도입 등 기술혁신과 신사업 개발도 추진하고 있습니다. 하나하나가 쉽지 않은 일이며 직원들의 참여와 협조가 요구되는 일입니다. 우리가 변화를 지속적으로 추진해 나간다면 어느 순간 우리 조직은 더 강해져 있을 것이고 근무하기 좋은 직장이 되어 있을 거라고 확신합니다.

우리 공단에는 입사한 지 3년 이내의 직원들이 많습니다. 공단이 자신에게 맞는 직업이고 직장이기를 바랍니다. 누군가는 자신에게 맞는 직업을 찾는 데 있어 5가지 기준을 살펴볼 필요가 있다고 합니다. 혹시 직업을 구해야 하는 자식이 있는 경우 한번쯤 참고해 보시기 바랍니다.

1. 자율성, 업무에 대한 주도권을 얼마나 갖고 있는가?
2. 완결성, 내 업무가 전체 업무의 연결성에 얼마나 기여하는가?
3. 다양성, 다양한 역량과 재능이 폭넓은 활동이 요구되는가?
4. 평가, 업무를 잘 수행하고 있는지 쉽게 파악할 수 있는가?
5. 기여도, 얼마나 영향을 미칠 수 있는가? 타인의 행복에 긍정적인 영향을 미치는가?

우리 조직도 이런 것들을 감안하여 권한의 위임, 개인역량과 성과평가, 일에 대한 보람과 성취감을 느낄 수 있도록 해 나가겠습니다. 마음이 분주해지고 소음이 일 때 잠시 일탈의 시간을 가지고 대자연과의 소통은 나의 훌륭한 힐링 코드가 됩니다. 자연이 좋은 줄 알면서도 시간을 내지 못하는 것은 마음의 여유가 없는 것이고, 마음의 여유는 특별한 결심이 있어야 가능합니다. 자연과 함께하는 휴가로 힐링 하는 여름 보내시길 바랍니다. (2019. 8. 19)

- 답장 중에서 -

한 권의 책보다 이사장님의 편지 글이 더 마음에 와닿고 제 아들에게도 이러한 인생의 준칙을 만들어 갈수 있도록 하겠습니다. (○○사업단 H과장)

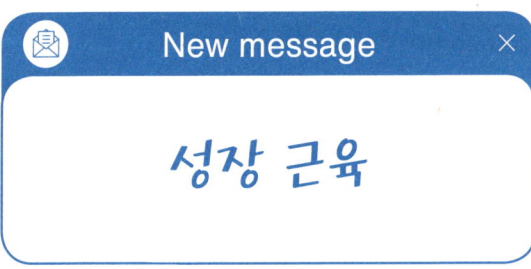

추석연휴 잘 보내셨습니까? 먼저 비상근무를 해주신 직원 여러분에게 감사 인사를 드립니다. 이번 추석에는 부산지역뿐만 아니라 우리 공단도 사고 없이 지나갔습니다. 직원 여러분들이 항상 잘 관리하고 대비해 오신 덕분이라고 생각합니다.

가을바람이 옷깃을 여미게 합니다. 우리는 이 계절이 되면 다시 한 번 한해를 되돌아봅니다. 혹시 당초의 계획에 미진한 부분은 없는지, 방향을 바꾸어야 할 부분은 없는지. 그리고 다시 허리띠를 조여매야 할 부분은 없는지, 그리고 연말을 맞이하곤 합니다.

중장기 경영전략 및 조직진단 용역, 차세대시스템 구축 용역도 마무리 단계로 진행되고 있으며, 2019년 경영평가 결과분석, 간부직원 연봉계약 종합평가, 인권영향 최종평가 등 연초에 추진한 일들이 막바지 정리단계에 접어드는 시기입니다. 특히 노사합의 따라 진행된 전직제도의 시행과

3년 연속 경영평가 최우수등급 획득에 따라 성과 보상 및 조직의 동기부여를 위해 5급 이하 직원들에 대한 특별승진도 그 절차를 진행하고 있습니다. 많은 관심 가져주시길 바랍니다.

이번 주는 2019년 국제환경에너지산업전(ENTECH BUSAN 2019), 제7회 국제 물포럼, 제3회 부산환경교육 한마당 등 크고 작은 행사들이 열립니다. ODA 사업 관련 현지조사차 담당직원의 베트남 출장도 다음 주부터 있습니다. 공단 직원 모두가 각자의 위치에서 소정의 업무에 최선을 다할 시간입니다.

오늘은 추석 연휴에 읽었던 좋은 글이 있어 소개하고자 합니다. 자신을 되돌아보는 시간과 신입 직원들에게 인생을 살아가는데 참고가 될까 싶어 몇자 적어봅니다.

> 성장하는 사람만큼 매력적인 사람은 없다. 그(녀)는 과거의 자신을 떠올리며 부끄러워 할 줄 알고 현재의 자신을 바라보며 만족할 줄 알며 미래의 자신을 상상하며 자신감을 드러낸다. 긍정적 에너지 안에서 겸손과 자신감을 공존시킬 수 있는 사람, 이런 사람과 함께한다면 어디인들 못가겠는가? 바로 당신이 그(녀)이길…

오늘 바로 당장, 성장하는 사람으로 성장 근육을 다지고 키우는 우리가 되었으면 좋겠습니다. (2019. 9. 16)

지난 주말은 태풍 '타파'로 모두들 긴장하면서 보냈습니다. 어제는 105명의 직원들이 비상근무를 하면서 상황을 관리했습니다. 저도 출근해서 비상상황을 체크하고 직원들을 격려했습니다. 태양광 패널이 파손되거나 지붕, 외벽, 펜스 등의 파손이나 탈락 정도의 피해가 있었습니다. 태풍이 지나간 만큼 오늘내일 중으로 사업장 주변을 정리했으면 합니다. 나뭇가지나 쓰레기가 주변을 어지럽게 하고 있어 빠른 정리작업이 좋지 않을까요. 혹시 직원 중에 개인적으로 피해를 입은 분이 있으면 서로 도와서 아픔을 나눌 수 있기를 바랍니다.

올해 2차 추경 및 내년도 예산을 확보하는 시기입니다. 담당부서도 최선을 다하고 있지만, 실·처 및 사업소에서도 관심을 갖고 노력을 해주시기 바랍니다.

올해 '베코드림(BECO Dream) 환경학교'를 운영하기로 하였으나 여러 사정으로 추진이 되지 못한 점에 아쉬움이 많습니다. 우리의 계획이 부산시의 환경교육 활성화를 위한 기관 간 MOU체결, 환경교육도시 선포식 등으로 인해 지연되어 왔습니다. 우리 공단의 시설과 직원들의 노하우를 활용한 환경교육이 제자리를 잡고 활성화하도록 추진해가고자 합니다.

LG경제연구원의 보고서에 의하면 우리나라 직장인의 몰입 수준은 글로벌 평균이 35%인데 비해 17%에 불과하다고 합니다. 우리는 왜 이렇게 몰입 수준이 낮을까요. 3가지 이유가 있다고 합니다.

그 첫 번째 이유는 '안정성의 위기'라고 합니다. 예전에는 조직에 충성하고 열심히 일하면 평생이 보장된다는 암묵적 계약이 유효했지만 지금은 '평생직장'이란 말이 먼 옛날 이야기로 인식되는 시대입니다. 안정감의 약화가 몰입을 어렵게 만든다는 것입니다. 두 번째는 '의미의 위기'입니다. 이러한 원인은 업무 분화가 심화되고 조직의 복잡성이 높아지면서 구성원들이 일의 맥락을 파악하는 것이 어려워졌고, 직장에서는 아직도 '까라면 까'라는 군대식 문화가 여전하다고 합니다. 의미를 느끼지 못하면 몰입도 하기 힘듭니다. 마지막으로 '활력의 위기'입니다. 오래 일하는 것이 잘하는 것이라는 투입량 중심사고에 젖어 있습니다. 이러한 사고는 새로운 일을 통한 가치 창출이 어려워지고 저조한 성과를 무마하려는 방어적인 생각에서 비롯되었다고 봅니다. 일에 지치면 몰입은 없습니다. 몰입이란 직원이 자신의 업무와 조직, 관리자, 동료에 대해 느끼는 높은 수준의 정서적·지적 유대감을 말합니다.

오늘 이 보고서를 언급하는 이유는 워라밸 시대를 맞이하여 우리만의 조직 문화를 만들어가기 위해 고민해야 할 시점이기 때문입니다.

(2019. 9. 23)

개인 생산성

9월의 마지막 주입니다. 10월이 되면 각종 행사들이 줄을 잇습니다. 또 다시 태풍 '미탁'이 한반도를 지나갈 예정이라고 합니다. 언제나 그렇듯 태풍이 올 때면 우리는 긴장하고 사전에 대비해야 합니다. 자칫 소홀히 하기 쉬우나 조금만 관심을 갖고 주변을 점검하면 후회하는 일이 없을 것입니다.

행정사무감사 준비, 하수도사업 특별회계 경영수지 개선, 초심 다지기 혁신워크숍, 특별승진 및 전직 실시, 하반기 신규채용, 노사 한마음행사, 전국환경공단협의회 참가, 제100회 전국체육대회 응원 참가, 업사이클링 아트 페스타 개최 등 크고 작은 일들이 10월 중에 있습니다. 이 일들이 품위 있고 공정하게 처리되기를 바라며 또한 행복하고 즐거운 가운데 치러지기를 바랍니다.

오늘은 '워라밸과 개인 생산성'의 이야기를 하고자 합니다. 우리나라의 시간당 생산성은 2017년도 기준 OECD 36개 국 중 29위 수준이라고 합니다. 일 좀 한다는 직원들은 이제 성과를 높이려 야근을 하는 대신 '저녁이 있는 삶'을 추구하기 시작했습니다.

『왜 성공하는 사람만 성공할까』라는 책에서 고성과자의 5가지 특성으로 △실패를 훈련한다 △작은 행동을 계속한다 △동료의 성공을 돕는다 △우연한 성과를 기뻐하지 않는다 △환경이 바뀌면 바로 적응한다를 제시합니다. 고성과자들은 이 5가지 행동들 가운데 특히 잘하는 자신만의 특기를 하나 이상 가지고 있다고 합니다.

일 잘하는 직원을 만드는 회사들은 구체적으로 어떻게 개인생산성을 혁신시키고 있을까. 한국능률협회가 발행하는 경영정보지 「치프이그제큐티브(CHIEF EXECUTIVE)」는 개인생산성 혁신의 키워드로 SMART, 즉 성과평가 개선 및 공정한 보상(Satisfaction), 내재적 동기부여와 몰입(Mindset), 목적지향 협업(Association), 리프레시(Refresh), 4차 산업혁명 기술활용(Tech)을 제시했습니다.

또한 개인 생산성을 높이기 위해서는 로버트 포즌 MIT 슬론스쿨 교수가 제안한 다음의 조언을 참고할 필요가 있습니다. ①비교 우위 역량을 파악하라 ②투입한 시간보다 생산한 아웃풋이 중요하다. ③읽거나 쓰기 전에 생각을 먼저 하라. ④계획수립과 함께 바뀔 것을 대비하라. ⑤그들만의 공간을 허락하라. ⑥매사를 간결하게 유지하라.

우리는 개인의 삶은 물론 조직생활에서도 일의 생산성을 높이는 것이 중요한 시대에 살고 있습니다. 일과 생활이 균형을 이룰 때 개인이 행복할 수 있을 겁니다. 일에 매몰되어서도, 일을 소홀히 해서도 곤란하지 않을까요. (2019. 9. 30)

    가을이 완연합니다. 농부는 수확을 하고, 사업가는 한해를 정산할 준비를 하고, 직장인은 올 한해의 다짐을 되새겨보는 시간이기도 합니다. 우리 공단도 마찬가지일 것입니다. 올해의 경영성과나 업무 추진상황을 점검하고 미진한 부분을 만회하는 일들이 추진되고 있습니다.

    공단의 홍보영상과 관련하여 직원으로부터 편지를 받았습니다. 그동안 개인이 겪은 부담과 스트레스에 대해 이사장으로서 심심한 사과의 말씀을 드립니다. 우리 공단이 인권경영을 표방한 이 시점에 직원 개인의 초상권과 행복은 매우 중요합니다. 그 누구도 개인의 초상권을 침해해서는 안 된다고 생각합니다. 직원이 원하지 않는 홍보영상을 전부 수집하여 해당 직원이 만족할 수준으로 수정하거나 삭제하도록 지시했습니다. 그리고 앞으로 홍보영상을 촬영할 경우에 직원의 동의를 받도록 하겠습니다.

'2019 업사이클링 아트 페스타' 행사를 개최합니다. 10월 16일(수)부터 19일(토)까지 자원순환협력센터에서 부산지역 20여 개 단체가 참여한 가운데 '쓰레기를 통한 무한 가치 창조와 자원순환'을 주제로 체험과 작품을 전시합니다. 우리 공단이 향후 추진해야 하는 쓰레기의 재활용과 재사용, 재창조 캠페인과 관련된 행사이므로 직원 여러분의 많은 참여와 협조를 당부드립니다. 이와 관련해서 11월에는 「에코백 범시민 캠페인」도 추진해 나갈 것입니다. 우리 공단이 수집해 온 쓰레기를 처리하는 것에 머물지 않고, 쓰레기를 줄이고 재활용하는 일에도 관심을 가져야 한다고 생각합니다.

2019년 노사 한마음 화합행사가 18일(금)에 있습니다. 제17회 공기업 친선 축구대회도 있습니다. 가을의 정취를 만끽하는 좋은 시간이 되었으면 합니다. 적극적인 참여와 스스로 즐기는 마음이 인생의 유용한 시간을 만들어줄 것입니다. 일교차가 심합니다. 건강에 유의하시길 바랍니다. (2019. 10. 14)

사람이 스트레스를 받는 경우는 크게 세 가지입니다. 첫째, 자기가 원하는 것을 하지 못할 때입니다. 둘째, 원하지 않는 것을 반복해야 할 때입니다. 이것은 앞선 경우보다 스트레스 강도가 더 심합니다. 마지막으로는 나이는 들었는데 내가 뭘 원하는지 모를 때 스트레스를 받습니다. 이때는 인간을 허무하게 만드는 우울감까지 동반합니다. 김창옥의 『지금까지 산 것처럼 앞으로도 살 건가요?』에서 옮겨왔습니다.

지난주에 자원순환협력센터에서 「2019 업사이클링 아트 페스타」 행사를 성황리에 개최했습니다. 우리 공단의 역량을 확인하는 자리였고 시민들에게 좋은 평가를 받았습니다. 무엇보다 행사를 준비하고 추진한 직원들이 고단한 몸으로 열과 성을 다했고, 일을 귀찮아 하지 않고 주인의식을 발휘한 덕분입니다. 정말 수고했다고 진심에서 우러난 인사를 전합니다.

노사한마음 행사가 날씨로 인해 연기되고 각 사업소별 행사로 바뀌었습니다. 사업소는 행사의 취지나 목적을 생각하여 의미 있는 노사 화합의 한마당이 되었으면 좋겠습니다. 전국 환경공단 노사화합 행사도 다음 주에 대전에서 개최됩니다. 환경공단 상호간에 교류가 증대되어 우리들이 하는 일들이 지역의 환경보전과 시민의 환경복지 향상에 기여할 수 있기를 바랍니다.

올해 신입직원 24명이 입사교육을 2주간 받습니다. 신규 구입한 미세먼지 흡입차량 20대 중 15대가 이달 중에 들어올 것이고 나머지는 내년 초에 들어옵니다. 이에 따라 인력 증원이 이루어졌습니다. 우리 모두 새 식구가 되는 이들을 진심으로 따뜻하게 맞이해 줍시다. 첫 직장에 대한 설렘과 적응에 대한 두려움이 병존할 것입니다. 이들이 공단에 대해 '멋지다'는 첫인상을 새길 수 있도록 기존 직원이 배려하는 마음을 베풀도록 합시다. (2019. 10. 21)

- 답장 중에서 -

이사장님의 이번 편지는 자원순환협력센터 직원들에게는 변방의 설움(?)을 한 방에 날려주고 자긍심을 가지게 해주는 울림 있는 메시지였습니다. 전 직원을 상대로 그간의 노력을 칭찬해 주셨으니까요. 고맙습니다.

(○○사업소 K소장)

취임 1주년

"첫눈에서 매력이 사람의 일생을 지배합니다. 사랑도, 인간관계도 첫눈의 시작됩니다. 그러나 사람을 첫눈에 이끄는 매력이 중요하지만 그 매력을 나중까지 유지하는 힘도 중요합니다. '첫눈'에 반한 인연이 '끝눈'까지 이어진다면 그보다 좋은 일이 또 어디 있겠습니까."

지난 11월 6일 취임 1주년을 보냈습니다. 아침 6시 해운대소각장에서 생활쓰레기 반입차량의 쓰레기 성상검사를 주민감시원과 직원들과 함께 하였고, 「CEO취임 1년의 성과와 향후계획」 보고회가 끝난 후 하수자원사업소에서 현장점검 및 먼지 청소작업을 했습니다. 쓰레기를 뒤지고 내용물을 확인하는 작업이 결코 쉬운 일이 아님에도 불구하고 묵묵히 일하고, 먼지와 악취 속에서 찌꺼기 건조시설을 운영하는 직원 여러분께 미안함과 감사의 인사를 전합니다. 저도 현장경험을 통해 우리가 하는 일의 깊이를 더욱 세심하게 알게 되었습니다. 다른 사업 분야에 대해서도 현장을 직접 경험하도록 하겠습니다.

취임 1주년을 보내면서 저에게 보내준 성원과 관심에 감사드립니다. 첫 눈이 끝 눈으로 이어지도록 마음을 다잡아 가겠습니다. 보고회에서 김현석 노조위원장이 언급했듯이 일도 열심히 하겠지만 직원들의 행복을 위한 노력도 게을리하지 않겠습니다. 내년에는 노동조합과 협력하여 직원들이 「행복과 재미(Happiness in my Life)」를 찾을 수 있도록 노력하겠습니다.

13일 오후 2시에 시청 녹음광장에서 「에코백 RUN 범시민 환경캠페인」을 공단 주관으로 실시합니다. 소각장과 매립장을 운영하면서 지역 내 생활쓰레기를 처리하는 우리 공단이 비닐과 일회용품을 줄이고 나아가 생활쓰레기 발생을 최소화 하는데 앞장서야 한다고 생각합니다. 이는 이미 전 세계적인 추세이기도 합니다. 다양한 환경캠페인이 있지만 공단은 비닐봉지를 없애고 에코백을 생활화하는 운동에 초점을 두고 이를 지속적으로 추진하고자 합니다. 직원 여러분의 적극적인 참여를 부탁드립니다.

가을이 깊어 갑니다. 단풍이 그 자태를 다하고 내년을 기약하려 합니다. 한 번쯤 나들이하여 한해의 수고로움을 칭찬하고 내년엔 더 아름다운 초록과 형형색색을 기원해 봅시다. 몸과 마음이 건강한 한주가 되기를 바랍니다. (2019. 11. 11)

지난주 「에코백 런(RUN) 범시민 환경캠페인」*을 성공적으로 마쳤습니다. 행사를 주관한 시민소통안전실 전 직원의 노고에 축하와 격려의 인사를 드립니다. 또 행사진행에 참여해 준 직원과 참석한 간부들께도 감사드립니다. 발대식 행사가 끝이 아니라 부산시민이 에코백 드는 일을 생활화하도록 지속적으로 추진해 나가야 합니다. 직원 여러분의 동참과 주변에 널리 알려 확산되도록 해나갑시다.

이번 주에는 시의회 행정사무감사가 있습니다. 작년에 아픈 추억이 있는 만큼 올해는 멋지게 마무리 될 수 있도록 준비에 철저를 기해 주시기 바랍니다. 행정사무감사는 시의원으로부터 받지만, 사실은 부산시민에

---

* 에코백 런(RUN) 범시민 환경캠페인 : 부산환경공단이 주관하고 추진하는 비닐, 일회용품 안 쓰기 범시민 환경캠페인이다. RUN은 Re(다시) Use(사용하기) Now(지금)의 약칭이다.

게 한해의 성과와 미흡한 부분에 대한 조치계획을 보고하는 자리입니다. 한해의 업무를 되돌아보고 정리하는 시간으로 활용해 주시길 바랍니다. 오늘은 「시간」 이야기 하나를 소개하고자 합니다.

> 시간은 강물과 같아서, 막을 수도 없고 되돌릴 수도 없다. 그러나 이 물을 어떻게 흘려보내느냐에 따라 시간의 질량도 달라질 수 있다.
> 루시우스 세네카는 "인간은 항상 시간이 모자란다고 불평을 하면서 마치 시간이 무한정 있는 것처럼 행동한다."고 말했다. 정말 시간의 빠른 흐름이 새삼 느껴지며 참으로 두렵기까지 하다. 지금 이 순간에도 시간은 쉼 없이 흘러가고 다시는 돌아오지 않는다. 시간은 멈추는 법도, 또 더디게 가는 법도 없다. 그렇다고 해서 시간을 저축하거나 남에게서 빌릴 수도 없는 것이다. 또 시간이 우리에게 무한정 베풀어지는 것도 아니고 길어야 고작 100년의 삶을 우리 인간들은 살고 있는 것이다.
> 시간은 바로 생명인 것이다.

직원 여러분, 하루하루를 알차고 건강하게 보내시길 바랍니다. 또 우리 인생길에 누군가가 늘 곁에 있다면, 우리 마음은 풍성함 속에 행복하고 희망찬 나날일 것입니다. (2019. 11. 18)

줄탁동시

　12월이 시작됩니다. 사절기로 말하면 겨울의 시작이라고 할 수 있지요. 지난 주말 겨울을 재촉하는 비가 부슬부슬 내렸습니다. 이럴 때일수록 건강을 조심해야 합니다. 감기 몸살 없이 지내는 올겨울 되기를 바랍니다.

　줄탁동시(啐啄同時), 알 속에서 다 자란 병아리가 알 밖으로 나오기 위해 부리로 껍데기 안쪽을 쪼는데 이를 '줄'이라 하고, 어미 닭이 병아리 소리를 듣고 알을 쪼아 새끼가 알을 깰 수 있게 도와주는 것이 '탁(啄)'이라고 합니다. 안과 밖에서 줄(啐)과 탁(啄)이 동시에 이루어져야 완성되는 상황입니다. 일을 하는 것도 그렇지 않을까요? 누군가가 줄(啐)을 할 때 기꺼이 탁(啄)을 해 준다는 것, 그게 바로 조화입니다.

　공단 가족과 함께 관람한 영화 「겨울왕국2」 재밌게 보셨습니까. 저도 가족과 함께 즐겁게 봤습니다. 개인적으로 좀 지루한 느낌도 있었지만 디즈니社의 독창성과 아이디어는 놀랍고 이야기는 제법 흥미로웠습니다. 한 번쯤 영화 비평이나 제작자의 이야기들을 알아보고자 합니다. 현재의 문화를 이해하는 데 도움이 되지 않을까요. 그날 영화관에서도 영화선정에 대해 말씀드렸습니다만 담당자가 직원들의 의견을 폭넓게 수렴하여 결정했습니다. 당일 가족과 함께 온 직원들이 많은 걸 보면서 영화선정을 잘했다는 생각이 들었고 앞으로도 우리가 함께하는 행복한 시간을 만들어가길 바랬습니다. 직원 상호간에 호흡이 맞는다는 생각에 줄탁동시(啐啄同時)를 떠올렸습니다. 우리 공단에서도 줄탁(啐啄)이 동시에 일어나기를 언제나 기대합니다.

경영평가 관련해서 이사장에게 부여된 의무교육을 채우기 위해 4일부터 서울로 교육을 갑니다. 서울은 부산보다 훨씬 추운 곳입니다. 한해를 되돌아보고 내년을 기약하는 시간으로 보낼까 합니다. (2019. 12. 2)

- 답장 중에서 -

「겨울왕국2」영화 잘 보았습니다. 저번에 '라이어'연극 관람에 이어 직원과 함께하는 문화공연이 조직의 문화를 유연하고 창의적으로 변화시켜 직원 간의 유대감도 좋아질 것으로 기대하고 있습니다. 팝콘도 좋았구요. 앞으로 이런 기회 더 많이 만들어 주십시오.

(○○사업소 A팀장)

오늘은 아쉽고 슬픈 날이라 쉬어 가려고 합니다. 아침에 존경하고 멋진 선배로 기억되는 정경진 전 부산시 행정부시장님의 영결식을 다녀왔습니다. 병마와 싸운 지 1년이라는 세월, 결국 후배들을 남겨두고 떠나갔습니다. 귀한 인연으로 만나 함께 한 추억을 다시 한 번 기립니다. 인간으로서 언젠가는 다시 만날 날을 기약하며 〈귀천〉이라는 시로 고인을 추모합니다.

나 하늘로 돌아가리라.
새벽빛 와 닿으면 스러지는
이슬 더불어 손에 손을 잡고,

나 하늘로 돌아가리라.

노을빛 함께 단둘이서
기슭에서 놀다가 구름 손짓 하며는,

나 하늘로 돌아가리라.
아름다운 이 세상 소풍 끝내는 날,
가서, 아름다웠더라고 말하리라.

천상병의 <귀천> 전문

여러분들도 언제나 스스로의 건강을 살펴보시길 바랍니다. 그리고 좋은 인연으로 함께 하길 기대합니다. (2019. 12. 9)

사업단 체제

지난주 월요일 건강검진을 받았습니다. 여러분들도 바쁜 업무로 인하여 건강검진을 미루어 연말에 받느라고 고생하지는 않는지요. 수면 내시경으로 깨어나는 데 시간이 걸려 오후에 좀 늦어 편지를 보내지 못했습니다. 건강검진을 받으면 늘 그러하듯 음주를 줄이고 운동을 많이 하라는 의사의 진단이 있습니다. 건강은 건강할 때 지켜야 하는 진리에 둔감해 놓치는 경우가 많습니다. 우리 모두 내년엔 더욱 건강한 내가 되고 건강한 공단이 되도록 다함께 힘 모아 봅시다.

사업단 체제로의 조직개편이 부산시로부터 승인이 되었습니다. 공단의 미래를 위한 작은 발걸음을 내디뎠다고 생각합니다. 오늘의 이 변화가 다소 생소하기는 하겠지만 지속가능한 공단의 장래를 위해서는 잘 정착시켜 나가야 합니다. 그래서 이번 인사는 본부는 젊은 간부와 직원을 배치하고, 사업단엔 경험과 역량 있는 간부를 보임했습니다. 또한 사업단 체제의 조기 안정을 도모하기 위해 승진이나 교육 등으로 빈자리를 채우는 것을 제외하고 최대한 전보를 자제했습니다. 최선의 인사를 하기 위해 폭넓게 의견을 수렴했고 고민도 많이 했습니다. 특히 인사도우미에 올린 개인 애로사항을 가능한 반영하려고 했으나 전부 반영해 드리지 못한 점 양해바랍니다. 인사는 특별한 사정이 없는 한 이번 주에 마무리하고자 합니다.

내년은 공단이 기술혁신과 고유한 조직문화를 만들어가는 한해가 될 것입니다. 저 개인적으로도 성과를 내야 합니다. 더불어 하고자 합니다. 앞으로 성과 있는 곳에 보상이 있는 인사가 될 것입니다. best wishes for a Merry Christmas！ (2019. 12. 23)

- 답장 중에서 -

모처럼 답신입니다. 직원들도 드러내서 말은 안하고 있지만 월요편지를 숙독해서 읽는 것을 보았습니다. 글은 말보다 힘이 강한 것 같습니다. 벌써 33째 월요편지에 진심의 소통이 잘 배달되고 있는 듯합니다. 소소한 의견부터 살아온 경험까지, 조직 전체를 아우르는 리더의 촉감을 만질 수 있었습니다.

(○○사업소 P소장)

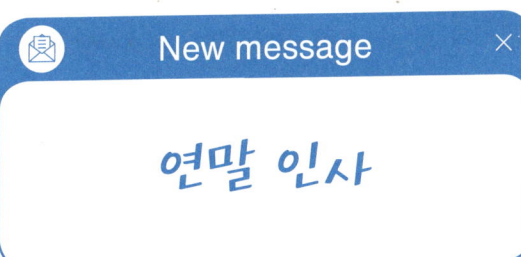

연말 인사

한해의 마지막 주입니다. 주간업무회의는 티타임으로 대체하고 한해의 소회를 나누었습니다. 임직원 모두가 함께하는 마음으로 열심히 해준 덕분으로 경영평가도 좋았고, 사업단 체제로의 개편도 마무리했습니다. 시민이 신뢰하는 공기업이 되기 위한 노력도 착실히 추진해왔다고 생각합니다. 다만, 새해 시작과 함께 수질사고가 일어났고 분기마다 한번꼴로 있었습니다. 올해 가장 아쉬운 일이었고 시설을 시급히 개선해야 합니다. 여러분의 한해 소회는 어떠신지요? 같이 나눌 얘기가 있으시면 보내주시길 바랍니다.

예정대로 간부 및 직원인사를 했습니다. 우리가 수행하는 하수, 소각, 매립 등의 목적사업은 언제나 그렇듯이 24시간 쉬지 않고 운영됩니다. 연말연시와 인사이동으로 소홀함이 없도록 잘 관리되기를 부탁드립니다. 특히 간부들의 솔선수범이 필요한 때입니다.

어느 경영 잡지가 2019년 10대 경영키워드를 제시했습니다. 라이프 스타일 비즈니스, 구독경제, 애자일, Z세대, 온 라이프, 긱 이코노미, 개인생산성, 신비지니스 모델, AI, 글로벌 가치사슬 등입니다. 제가 이런 것들을 공유하는 이유는 시대변화에 적응하는 데 도움이 되었으면 하는 바람에서입니다. 세상의 변화에 끊임없이 성찰하지 않으면 자신이 다른 세상에 살고 있을지 모릅니다.

"우리의 현재 위치가 소중한 것이 아니라 우리가 가고자 하는 방향이 소중한 것이다."

올리버 웬들 홈스 미국 시인이 한 말입니다. 내 인생의 가는 방향이 내가 가고자하는 방향으로 나아가길 원합니다.

한해 동안 감사의 인사를 드리며, 새해 모든 임직원 여러분의 행복과 건강이 충만하기를 바랍니다. (2019. 12. 30)

제2장

혁신 & 창의

2020년 경자년(庚子年), 행운을 준다는 '흰 쥐'의 기운을 받아 원하는 일 다 이루시고 새해 복 많이 받으시길 바랍니다.

작년 한해를 돌아보면, 수질초과와 안전사고 등 아쉬운 점도 있었지만 여러분의 땀과 열정이 만든 소중한 성과도 많았습니다. 새로운 20년을 위한 「뉴 비전, 중장기 경영전략」 용역을 마무리하여 미래사업 발굴을 위한 액션플랜과 사업단 체제의 조직개편을 이뤘습니다. 또한 차세대 경영시스템인 '베코넷(beco-NET)' 구축, 공단 최초 특별승진 실시, 에코백 런(RUN) 범시민환경캠페인(11.13.), 업사이클링 아트페스타(10.17~19.) 등 조직 경쟁력 강화와 사회적 가치 실현을 위한 다양한 노력도 있었습니다. 그 결과 3년 연속 경영평가 '최우수' 기관 선정에 이어 지방공기업 발전유공 국무총리 표창, 인권영향평가 최우수 등급 획득, 노인·장애인 일자리 창출 시장 표창, 상하수도 업무개선 환경부장

관상, 대한민국 환경·에너지 대상 환경부장관상 등 각 분야에서 우수한 성과를 달성하였습니다. 이렇게 우리 공단이 대내외적으로 알찬 성과를 낼 수 있었던 것은 각자의 자리에서 최선을 다해주신 직원 여러분 덕분입니다. 다시금 감사의 인사를 전합니다.

올해는 공단 창립 20주년을 맞이하는 뜻깊은 해입니다. 부산광역시 산하 공기업들이 단계적 공공기관 혁신을 통해 사업과 정원이 조정되는 어려움 속에 있지만, 우리 공단은 경영혁신을 기회 삼아 글로벌 수준의 환경공기업으로 도약해나갈 것입니다. 그 시작이 '사업단 체제의 조직개편'입니다. 지난 20년간 사업소 중심 직제편성의 한계를 극복하기 위해 새롭게 사업단 체계를 도입하였고, 이를 통해 공단은 2023년까지 5개 하수처리장과 시민환경교육센터 등의 신규사업을 인수할 계획입니다. 아울러 안전 전담조직을 설치하고 '전담인력 9명을 증원'하여, 현장직원들이 보다 안전한 여건에서 근무할 수 있도록 하고, '공정개선팀' 신설을 통해 반복적으로 일어나는 수질사고를 근본적으로 해결하기 위해 노력할 계획입니다. 또한 신기술사업팀과 ICT융합팀도 신설하여 미래 4차 산업 발전과 신기술 개발에 박차를 가하겠습니다.

하위직 처우개선을 위해 '9급을 폐지'하였고, '인재육성 HRD체계'를 구축해 신규직원의 적응과 직무역량 강화에도 노력할 예정이며 능력과 성과중심 인사혁신을 위해 '간부 무보직제'도 전격 시행됩니다.

사업 분야에서는 분뇨처리장 현대화, 미세먼지 CNG차량 도입, 학교 분류식 관로사업, 에너지 진단사업, EMS 에너지관리시스템 본격 시행 등 많은 굵직한 현안들이 추진될 예정입니다.

세계 기업들의 평균수명은 단 13년이고, 30년이 지나면 80% 기업이

사라진다고 합니다. 지난 100년간 지속된 기업의 공통점은 그 기업만의 고유문화와 철학이 잘 계승 발전되었다는 공통점이 있습니다. 창단 20년차를 맞는 공단은, 우리만의 조직문화와 철학을 세워 앞으로 10년을 잘 이겨낸다면 100년 기업으로서의 기틀을 세울 수 있을 것입니다. 세계 속의 글로벌 환경공기업으로 도약하기 위해 새로운 비전과 전략을 수립하여 나아갈 방향을 정하였습니다.

'뉴(New)미션'은 환경생태도시 조성과 시민환경복지 실현이고, '뉴(New)비전'은 글로벌 환경공기업 사람과 기술이 함께 하는 부산환경공단(BECO with Human & Tech)입니다. 공단의 핵심역량인 '사람과 기술'로 글로벌 수준의 환경공기업으로 도약하겠다는 의지를 담았습니다. 본부부터 현장의 직원들까지 앞으로 새로운 미션과 비전을 나침반 삼아 모든 업무를 추진해주시길 당부 드립니다.

아울러 전략과 함께 직원이 가져야 하는 사명감에 대한 인재상을 새롭게 추가하였습니다. '열정적(Passion)이고 혁신적인(Innovation) 자세로, 상호소통(Networking)하며, 넓은 시야와 글로벌한 역량(Globality)을 가진 인재'의 영문 앞 글자를 따면 'PING'이 됩니다. 날쌘 어감처럼 모두가 꿈을 향해 빠르게 비상하는 적극적인 태도를 가지고 업무에 임해주시길 당부 드립니다. '사람과 기술'을 바탕으로 공단의 경쟁력을 키우고 직원과 시민이 행복한 공단을 만들고자 합니다. 우리 공단이 한 단계 더 성장하기 위한 핵심은 기술혁신, 조직혁신, 그리고 행복경영입니다.

기술혁신은 4차 산업혁명과 글로벌한 경영환경에서 살아남는 핵심입니다. 환경 전문공기업으로서 자부심과 사명감을 가지고, 환경 분야 최고기술을 보유하고, 지속적으로 친환경 기술 개발을 통해 '부산환경공단' 하면 딱 떠오르는 이미지가 고품질 환경명품 브랜드로 거듭나야 합니다.

  조직혁신은 좋은 조직문화에서 비롯됩니다. 우리 공단은 식구가 900여 명에 이르렀습니다. 베이비붐 세대부터 밀레니얼 세대까지 다양한 계층이 모여 있습니다. 다양한 계층, 직종, 부서가 함께하기 위해선 '소통과 협력'이 필수입니다. 동료 간에는 상호 인정과 칭찬을, 선후배 간에는 따뜻한 격려와 존중을 통해 조직에 온기와 생명력을 불어넣어야 합니다. 행복경영은 직원이 행복하면 공단의 성과는 따라옵니다. 저는 지난 1년여 기간 생각보다 더 열악하고 다양한 근무환경에서도 묵묵히 각자의 자리에서 최선을 다하는 여러분의 성실성과 노고에 늘 감사한 마음이 들었습니다. 그 숨은 노고와 성과를 발굴하여 합당한 보상을 하고, 대외적인 공단 성과를 적극 홍보하여 직원 여러분이 더욱 자부심을 갖고 '일할 맛' 나는 공단을 만들겠습니다.

  얼마 전 사회관계망서비스(SNS)에서 5살 꼬마가 부모님께 적은 세 마디 편지글을 보았는데, 그중 마지막 한마디에서 감동을 느낀 적이 있습니다. '감사합니다! 사랑합니다! 한 번 해보겠습니다!' 무언가를 하겠다고 결심하는 순간 우리에겐 그것을 할 수 있는 힘과 용기가 생깁니다. 여러분도, 저도 올해 한번 잘 해봅시다! (2020. 1. 6)

- 답장 중에서 -

많은 일들을 해낸 것 같습니다. 우리가 우리에게 감사와 응원, 격려의 박수를 쳐 드리고 싶습니다. 이사장님께서 늘 강조하시는 일신우일신(日新又日新), 조금씩 천천히 나아가는 모습이 보이는 것 같습니다. 또 새해 새로운 힘을 내어봅니다. (○○사업소 O과장)

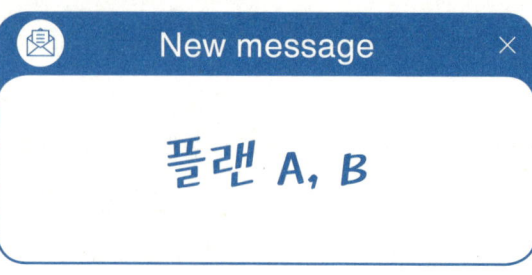

플랜 A, B

　벌써 한 주가 지나갔습니다. 매년 1월 7일은 공단 창립기념일이었으나 부산시 특정감사로 인하여 목요일에 기념일을 가졌습니다. 창립 20주년의 뜻깊은 하루였습니다. 저는 아침 조찬포럼에 참석하는 일정으로 업무를 시작했습니다. 20년 동안 이어져 온 창립기념일 행사에 새로운 변화를 시도할 시점이라고 생각합니다. 새로운 관점, 새로운 방향, 새로운 실천을 위한 창립기념일이 되도록 피드백 하는 시간이 되었으면 좋겠습니다.

　새해에 주간업무회의를 바꾸었습니다. 기존에 각 처·실별로 보고가 있고 나서 본부장, 이사장의 당부나 지시사항을 전하는 방식에서 회의 참석자가 먼저 질문하고 해당 처·실장이 답변하는 방식으로 전환했습니다. 질문이 없으면 회의는 미궁 속으로 빠져들 위험도 있습니다만 활발한 토론으로 보다 의미 있는 결과를 가져올 수 있다고 믿습니다. 또한 매주 사업단별로 단·소장이 참석하여 현안을 공유하는 자리도 함께 합니다. 오늘 첫 시도는 나름 성공적이었다고 평가합니다.

올해 언론이나 전문가들은 2020년의 키워드로 저성장, 불확실성, 디지털을 들고 있습니다. 구체적인 내용에 대해서는 설명 드리지 않아도 짐작하거나 알고 있을 거라 생각합니다. 이러한 시대적 경영환경에 좀 더 세밀하고 디테일한 프로정신이 필요합니다. 계획을 세울 때 플랜 A와 B를 세워서 유비무환의 자세를 가지는 역량이 있어야 합니다.

역사학자 카(E. H. Carr)는 『역사란 무엇인가』에서 '역사란 현재와 과거의 끊임없는 대화'라고 했습니다. 불확실한 미래에 대비하는 방법은 과거에 어떤 일이 있었는지 보면서 현재를 진단하고 앞으로 어떻게 나아가야 할지 예측해야 합니다. 디지털은 클라우드, 플랫폼, 인공지능, 머신러닝, 모빌리티 등 ICT 기반의 모든 영역에 영향을 미치고 있습니다. 우리 공단도 목적사업 분야에 이를 접목해 나가는 과정을 추진해야 합니다.

마찬가지로 여러분 개인의 삶도 올해의 키워드에 맞추어 설계를 해보시길 바랍니다. 삶은 계획되어야 성과가 있고 기쁨이 충만한 행복이 따라 온다고 믿고 있습니다. (2020. 1. 13)

코로나19 발생

　설 명절 잘 보냈습니까. 고향의 의미가 점차 퇴색되고 있으나 나름 의미를 찾아가는 것도 필요합니다. 태어나고 자란 곳이 개인의 삶에 적잖이 영향을 미치고 있음을 고려할 때 가끔은 자신의 과거를 되돌아보는 것도 시간 낭비는 아닐 거라 생각합니다. 우리는 오고가는 교통의 불편과 차례나 제사에 얽매여 본래의 취지를 잃어버리고 있는지도 모릅니다. 그래서 지난 편지에 '설'에 관한 이야기를 길게 했습니다.

　설 명절이 지나자 2월이 되었습니다. 신종코로나 바이러스가 전 세계적으로 확산하고 있습니다. 중국에서는 수천 명의 확진자와 수백 명의 사망자가 나왔고, 우리나라의 경우는 아직 사망자는 없으나 확진자는 느는 추세입니다. 우리 공단도 세곽타크로팀의 해외전지훈련을 무기 연기한데 이어 오늘 이번 주말로 예정된 수영환경공원 재개장 친선축구대회를 연기하였고, 2월 20일 개최할 예정이었던 공단 20주년 기념식도 연기할 계획입니다. 당분간 시민 접촉이 많은 일이나 행사는 자제하고자 합니다.

무엇보다도 직원들의 건강과 안전도 중요합니다. 본사 및 사업단, 사업소에 마스크와 손세정제를 비치하도록 했습니다. 대민 접촉에 있어서도 항상 유념해서 직원들이 건강하게 근무하길 바랍니다. 신기술안전처에서도 신종코로나 바이러스에 대한 정보와 대응 방법에 대한 내용을 적극 알려 직원들이 잘 대처할 수 있도록 해주시기 바랍니다. 보통 이런 경우 좀 지나칠 정도로 대응하는 것이 바람직하다는 것이 경험치입니다. 저에겐 직원 여러분의 건강이 우선입니다. (2020. 2. 3)

인터넷신문 인저리타임(injurytime.kr)에서 가져온 내용입니다.

'외국인을 위험한 것으로 간주하고, 당국 간에는 격렬하게 충돌하고, 최초의 감염자를 히스테릭 할 정도로 수색하고, 전문가를 경시하며, 감염되었다고 의심되는 사람을 사냥하고, 헛소문에 농락당하고, 어리석은 치료방법을 시도하고, 생필품을 사재기하며, 그리고 의료위기에 이르기까지…'

130년에 밀라노를 급습한 페스트 대유행에 대해 언급한 만초니의 역사소설 『약혼자』에 나오는 내용입니다. 읽어 보면 만초니의 소설이라기보다는 마치 오늘날의 신문을 보는 것 같습니다. 코로나19를 바라보는 인식에 대한 고민과 대처하는 자세를 다시금 가다듬어 봅니다.

어제까지 전국 3736명, 부산 76명의 확진자가 나왔습니다. 우리 직원들도 발열 등의 징후가 있는 경우 감염검사를 받게 했는데, 지금까지는 모두 음성으로 나왔습니다. 직원들의 코로나19 감염을 예방하기 위해 마스크 착용, 손 씻기, 구내식당 이용시간 구분 배식 및 앞자리 비우기 등을 반드시 실천해 주시기 바랍니다.

오늘부터 도로 물 청소차량을 활용하여 도로방역 지원을 나갑니다. 이는 방역의 실질적인 효과보다 시민들에게 심리적인 안정을 주고 도로환경을 청결한 상태로 유지하는 데 도움이 될 것이라고 생각합니다. 우리 공단이 명절이면 늘 성의를 표하는 사회복지시설에도 손세정제 등을 지원합니다. 또한 부산의 공사, 공단이 자율모금을 통해 코로나19로 어려움을 겪는 분들에게 위로를 드리고자 합니다. 감염예방 및 치료의 일선에서 일하는 분들, 그들을 지원하고 있는 분들, 감염으로 고통받는 분들 등 부산시가 예산으로 지원하기 어려운 부분에 우리의 작은 힘을 보태는 것이 필요하다고 생각합니다. 직원 여러분의 적극적인 동참을 바랍니다.

(2020. 3. 2)

오늘부터 대학이 온라인 수업으로 개강을 시작하고, 코로나19 확진자 수도 점차 줄어들고 있습니다. 내일쯤 초중고의 개학시기를 더 늦출지 여부를 결정한다고 합니다. 하지만 우리는 긴장을 계속 유지하기를 바랍니다. 환경기초시설을 운영하는 우리 공단은 24시간 365일 가동을 해야 하므로 감염으로 인한 시설폐쇄나 자가 격리가 발생하지 않도록 각별한 관심을 가져야 합니다.

무릇 조직은 상하 간에, 부서 간에 소통이 중요합니다. 우리도 예외는 아니라고 봅니다. 그러나 가끔 들려오는 소통의 부재, 상하 간의 갈등 이야기는 아쉬움을 남깁니다.

처·실장, 팀장 등 간부는 직원을 독려하는 것부터 시작해 계획 수립 및 업무의 분배, 실행까지 모든 책임과 권한을 가지며 또한 일은 직원이 하는 것이지만 성과의 책임을 지는 자리입니다. 물론 간부에게도 나름의 고충이 있습니다. 필요한 직원들을 데려와서 쓸 수도 없고, 예산과 자원은 극히 제한적이고 독자적으로 결정할 수 있는 부분도 생각보다 한정적입니다. 간부 입장에서 계획대로 따라주지 않는 직원이 야속하기도 합니다. 이런 문제를 해결하기 위해서는 역지사지(易地思之)가 필요합니다. 리더는 자기가 직원이었을 때 어떤 생각을 했는지 돌아봐야 하고 직원은 본인이 간부가 되면 어떻게 할지 생각해봐야 합니다. 이런 과정을 통해 간부와 직원이 서로 주파수를 맞추어야 합니다.

요즘 OKR 기법*이 유행합니다. 구글, 아마존이 놀라운 성과를 만들어낸 단순한 경영기법입니다. OKR에 여러 요소가 있지만 조직 목표의 투명한 공개와 참여입니다. 모든 구성원이 목표에 대해 의견을 개진하고 한 곳을 바라보도록 함으로써 목표 성취에 집중할 수 있게 합니다.

조직은 간부가 못해서 안 굴러가는 것도 아니고, 직원이 못해서 제대로 안 되는 것도 아니라고 생각합니다. 우리 공단의 간부와 직원들이 각자의 리더십을 발휘해서 각자의 역할을 제대로 수행하기를 바라며, 이를 통해 글로벌 공기업으로 나아가는 토대가 형성되길 바랍니다.

(2020. 3. 16)

---

* OKR (Objective Key Results)은 가슴 뛰는 목표를 설정하고 핵심 결과를 달성하도록 돕는 강력한 경영방법론을 말한다.

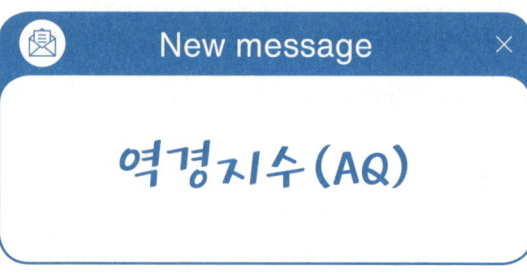

코로나19가 점차 전 세계적으로 확산하고 있습니다. 정부는 2주간 사회적 거리두기를 강조하고 있고, '출장 자제, 퇴근하면 집으로' 등 특별 복무지침도 만들어 시행합니다. 장차관들의 월급 반납운동이 공직사회로 확산될 것입니다. 각종 경제지표도 상황의 심각성을 나타내주고 있습니다. 직원 여러분께서도 코로나19에 잘 대응하고, 어려운 사람들의 생활에 관심을 가져 주시고, 개인의 삶도 잘 챙겨나가는 현명한 대처를 해 나가시길 바랍니다.

오늘은 저에게 우리 공단 직원이 보내준 글을 소개하고자 합니다. 먼저 좋은 글을 보내준 직원에게 감사의 인사를 드리며, 글을 공유하게 된 점 양해를 바랍니다.

높은 역경지수를 가진 사람들의 특징은 무엇인가? 첫째, 그들은 역경이나 실패 때문에 다른 사람을 비난하지 않는다.

둘째, 그들은 자신을 비난하지 않는다. 그들은 실패가 초라한 자신 때문에 생겼다고 생각하지 않는다. 그들은 자신이 직면한 문제가 규모나 지속력에 있어서 제한되어 있다는 사실과 얼마든지 헤쳐 나갈 수 있다고 믿는다.

경영과 사업을 함에 있어서 호황도 있고 불황도 있습니다. 깊은 침체의 골을 잘 이겨내는 기업은 호황기에 그 빛을 발합니다. 어떻게 보면 역경은 하늘이 내린 기회라고 할 수 있습니다. 따라서 기업이나 경영자, 그리고 종업원 모두 역경지수(AQ:Adversity Quotient)를 높게 키우는 것이 필요합니다.

여러분은 어떤 생각이 드시나요? 지금의 쓰나미 같은 파고를 넘어가는데, 우리는 얼마만큼의 현명한 판단을 할까. 긍정적인가, 부정적인가, 개인의 삶의 태도가 결정한다고 봅니다. (2020. 3. 23)

New message

『술탄과 황제』

한 해를 4등분하는 분기라는 개념이 있습니다. 1분기가 이번 주로 끝나고 2분기가 시작됩니다. 우리는 보통 새해에 작심(作心)을 하고, 1분기에 어떻게 실천해 나갈지를 구체화합니다. 그리고 봄이 오듯 4월부터 실행을 합니다. 농부도 2, 3월에 땅을 가꾸고 4월 전후로 씨를 뿌리고 파종을 합니다. 우리 공단의 일도 크게 다르지 않다고 생각합니다. 올해 하고픈 일을 구상하고 실천계획을 마련했고, 이제 본격적으로 추진해나갈 시간입니다. 땅을 잘 가꾸면 가을의 결실이 좋듯 계획을 잘 세웠다면 실행과 성과가 좋을 것입니다. 또 실행하는 과정에서 정성을 담으면 미진한 것을 보완할 수도 있습니다. 올해 중점을 삼은 '조직문화혁신, 기술혁신', 다함께 힘을 모아 봅시다.

'1453년 5월 29일 콘스탄티노플이 함락됨으로써 1123년 역사의 비잔틴

제국이 무너지고 그 자리에 오스만제국이 세워졌다.'

 전 국회의장 김형오 님이 낸 『술탄과 황제』는 세기의 정복자 오스만 투르크의 술탄 메흐메드 2세와 이에 맞서는 비잔틴제국 최후의 황제 콘스탄티누스Ⅱ세 간의 전쟁을 일기와 비망록 형식으로 기록하고 있습니다. 저자는 "1453년 콘스탄티노플 함락전쟁은 지상전·지하전·해상전·공중전·유격전·심리전·첩보전·외교전 등 사용 가능한 모든 전략과 전술이 총동원된 드라마틱한 전쟁이었습니다. 지키려는 자와 빼앗으려는 자의 사생결단 처절한 몸부림이었다" 면서 "비잔틴이 끝나면 오스만이 오듯이, 역사라는 무대는 시대의 옷을 갈아입으며 계속되는 것"이라고 맺습니다.
 콘스탄티노플이 지금의 이스탄불이라는 것을 터키를 여행하면서 알았습니다. 소피아성당에 가면 기독교와 이슬람교의 흔적이 중첩되어 있음을 볼 수 있습니다. 그 사실도 역사 속에서 알았습니다. 코로나19와 21대 총선을 보면서 다시금 역사를 생각하고, 조직을 생각하며 나를 되돌아봅니다. 1000년의 찬란한 역사도 흥망성쇠를 거듭하면서 존재를 잃고 사라졌지요. 『술탄과 황제』를 대하면서 리더란 참으로 고독한 자리이고 운명을 함께하는 자리라는 걸 새삼 느낍니다. (2020. 3. 30)

- 답장 중에서 -

이사장님 말씀하셨던 『술탄과 황제』라는 책을 구매해서 읽고 있습니다. 중간 정도 읽었는데 비잔틴 제국 정복이라는 목표를 정하고 차근차근 준비하는 술탄의 적극적이고 긍정적인 리더십과 수성이 목적인 황제의 수동적이고 걱정만 하는 소극적 리더십이 대비되면서 많은 생각을 자아내게 합니다. (○○사업소 G과장)

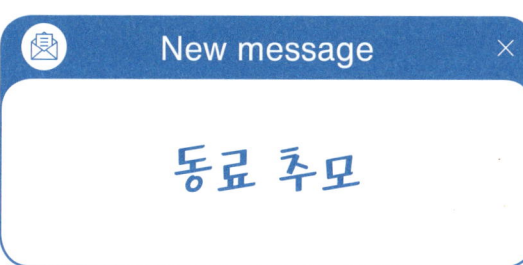

동료 추모

코로나19로 인한 사회적 거리두기가 2주 더 연장되었습니다. 특히 어린이나 학생이 있는 직원들은 가정에서의 자식 돌봄과 직장생활을 병행해야 해서 힘든 시간을 보내고 있을 겁니다. 거리두기로 인해 일상생활의 규칙이나 습관들이 제약받아 심리적으로도 어려움이 있습니다. 이 어려운 시기를 서로 격려하고 도와 신체적으로나 정신적으로 나타나는 어려움을 잘 헤쳐 나가도록 합시다.

지난주에 우리는 고 박희춘 동료를 떠나보냈습니다. 삼가 고인의 명복을 빕니다. 가족에게도 심심한 위로의 말씀을 드립니다. 공단의 전 동료들이 마음을 모아 위로의 성금을 보태주신 것에 감사 인사를 드립니다. 뜻을 함께해준 김현석 노조위원장께도 고맙다는 말씀을 드립니다.

故 박희춘 동료의 이야기는 저보다도 우리 동료들이 잘 아실 것입니다. 사내 게시판에 올라온 추모 글 중에 일부를 다시 한 번 올려 먼저 간 동료

의 뜻을 기리고자 합니다.

"오늘 참 먹먹한 하루네요. 모든 직원 분들이 동참해주셔서 희춘이 마지막 가는 길 따뜻하게 갈 수 있으면 좋겠습니다."

"기회가 된다면 꼭 같이 일해보고 싶은 선배님이셨는데… 안타까운 마음이 이루 다 말할 수 없네요."

"갑작스런 이런 소식은 정말 마음이 아프네요. 짧은 기간이지만 같이 근무했던 박희춘 과장님 밝은 모습 그대로 기억하겠습니다."

"세상을 떠난 사우께서 생전의 온갖 시름을 잊고 부디 천상에서 영원한 안식과 평화를 누릴 수 있기를 소원합니다."

"지금이라도 전화하면 받을 거 같은데 이제는 그럴 수 없다는 현실이 너무 슬픕니다. 힘들 때 항상 도와주고 격려해줬던 따뜻한 사람, 그동안 정말 고마웠어요."

"권위보단 낮은 자세로… 배려와 이해심으로… 겸손함으로… 2016년 신입사원인 저에게 선배이며 멘토이며 때론 친구였던 그를 보내주어야 한다는 사실이 아직도 믿기질 않습니다.

고인이 된 박희춘 사우를 기리는 추모 글이 줄을 이었습니다. 고인이 어떻게 직장생활을 해왔는지 짐작케 합니다. 동료들의 따뜻한 마음을 가슴 깊이 새기면서 우리 모두 건강하고 행복한 직장이 되도록 힘을 모아 갑시다. 저도 최선을 다하겠습니다. (2020. 4. 6)

뉴턴(New Turn) 기술혁신

오늘은 기술혁신에 대해 좀 길게 이야기하려고 합니다. 지난달에 각 사업소에서 제출한 기술혁신 과제 선정을 위한 평가를 했습니다. 8개의 과제를 채택하고 나머지는 다시 선정하는 것으로 했습니다. 평가 과정을 통해 많은 공부도 했고 고민한 흔적과 아쉬운 부분도 보았습니다.

신년사에서 밝혔듯이 금년도 중점전략 시책으로 기술혁신, 조직문화혁신, 행복경영을 선정한 바 있습니다. 그중에 기술혁신은 공단의 목적사업에 대한 우리들의 열정과 고민을 도전적인 자세로 이어가는 중요한 지표이기도 합니다.

최근 잘 나가는 구글, 아마존 같은 글로벌 기업은 물론, 국내 대기업에서 OKR(Object Key Result)이라는 최신 경영기법을 도입하고 있습니다. 가슴 설레는 목표를 설정하고, 핵심지표 단계별 성과에 도달할 때에는 다양한 인센티브를 제공(축하와 격려, 금전 보상 등) 하는 '즐겁게 혁신하는 기법'입니다.

우리는 민간기업과 치열한 경쟁 구도에 놓여 있습니다. 영도하수처리장, 일광하수처리장에 대한 운영주체를 결정하는 선택을 부산시에서 할 것입니다. 그동안 우리가 축적해온 기술력을 바탕으로 하수처리장 운영의 일원화를 위해 수탁운영 건을 반드시 가져와야 합니다. 기술력을 높이는 일은 우리의 미션입니다. 기술혁신은 작년에 시작해서 금년에 끝나는 일이 아니라, 앞으로 지속가능하게 계속해야 할 우리들의 영원한 숙제입니다. 이런 측면에서 '뉴턴(New Turn) 기술혁신 프로젝트' 사업은 우리의 생존전략을 위한 바로미터 과제이기도 합니다. OKR 경영기법과 같이 즐겁게 목표에 도전하고 직원들이 성과에 대해 자부심을 느낄 수 있도록 기술혁신을 추진해 가고자 합니다. 아울러 이러한 도전적인 과제를 통해 새로운 조직문화로 자리 잡는 계기가 되기를 기대하고 있습니다.

기술혁신의 첫 단추는 혁신적인 과제를 제대로 선정하는 데 있습니다. 혁신은 성공할 수도, 실패할 수도 있습니다. 실패한 과제에 대해서는 책임을 묻지 않겠습니다. 그것 자체가 아름다운 도전이기 때문입니다. '혁신은 힘들다'에서 '혁신은 재미있다'로 패러다임을 전환하고 즐겁게 참신한 아이디어를 발굴하고 집단 지성을 통해 문제를 풀어가는 과정을 조직문화로 만들어가야 합니다.

혁신의 가장 큰 장애요인은 오래된 고정관념, 관행과 같은 나쁜 습관입니다. 잠재된 직원 개개인의 능력이 조직의 잘못된 습관 속에서 사장되고 있지나 않은지 우리 스스로 고민해 보는 시간이 되었으면 합니다. 먼저 단장, 소장님들이 솔선수범하여 직접 과제를 발굴하고, 팀원들과 토론을 거쳐서 현장에서 구현이 가능한 가슴 설레는 실행과제가 선정되도록 노력해 주시기를 부탁드립니다. 기술혁신과 새로운 조직문화를 동시에 만들어가는 첫 걸음이 될 것입니다.

  두바이 사막 한복판에 초호화 호텔과 스키장을 건설한 엉뚱한 아이디어, 현대 故 정주영 회장의 '성패는 일하는 사람의 자세에 달려 있다'는 말씀이 큰 울림으로 다가오는 월요일 아침입니다. (2020. 4. 13)

지난주 코로나19로 어려운 시기에 시장님이 사퇴했습니다. 시장 권한 대행 체제라고 해서 시정이 달라질 일은 없을 것이고, 추진 중인 사업들도 차질 없이 진행될 것입니다. 또한 이런 때일수록 말 한마디, 행동 하나가 모두 시민의 관심과 지탄의 대상이 될 수 있는 만큼 근무기강이 흐트러져서는 안 될 것입니다.

오늘 긴급 경영전략회의를 개최하여 당면 현안과제인 몰입과제, 뉴턴(New Turn) 기술혁신, 재정 신속집행, 경영평가 등의 차질 없는 추진을 당부하였으며, 또한 수질 및 안전사고 예방, 청렴사고 방지를 위한 노력을 부탁드렸고, 코로나19에 대한 대응도 소홀하지 않도록 하라고 전 부서에 지시했습니다.

아울러 내가 할 수 있는 일은 내가 하고, 상하 간에 개인을 존중하면서 지금의 시기에 맞게 지금의 관행 중에서 버려야 할 것들은 과감히 버리는 조직문화의 혁신도 주문했습니다.

저의 임기 절반을 보내면서 다시 목민심서(牧民心書)를 펼쳐봅니다. 율기 6조(律己6條)는 수령이 자신을 잘 단속하고 언행에 흐트러짐이 없도록 지켜야 할 여섯 가지 항목에 관한 것입니다.

여거유절(與居有節) 관대정칙(冠帶整飭)하라.

기거에는 절도가 있고 의관은 단정히 해야 한다. 즉 수령이 되면 몸짐에 주의해야 한다는 말이다.

공사유가(公事有暇)에 필응신정려(必凝神靜慮)하고 사량안민지책(思量安民之策)하여 지성구선(至誠求善)이라.

공사에 틈이 나면 반드시 정신과 생각을 가다듬고 백성을 편하게 할 방법을 생각하여 최선책을 구해야 한다는 의미이다.

임기의 절반을 보낸 지금 혹시 초심을 잃어버리지는 않았는가 하는 반성의 시간을 가집니다. 지난주에 본부 처·실장님들과 대화를 나누면서 이사장의 성공에는 여러분의 훌륭한 보좌가 꼭 필요하다고 했습니다.

공단의 경영이 더 바람직한 방향으로 나아가는데 필요한 의견들을 적극 말해야 하고, 이사장이 다른 방향으로 간다면 또는 게으름을 부릴 때는 따끔한 직언도 필요합니다. 조직이 나태하거나 역동적이지 못하면 그 조직은 시름시름 앓다가 결국에는 수술을 해야 하는 중병에 걸릴 수도 있습니다. 적어도 제가 근무하고 있는 동안에는 공단이 건강하고

활력이 넘치는 조직이 되길 바랍니다. 직원 여러분의 협조와 도움이 필요합니다. (2020. 4. 27)

경영평가가 시작됩니다. 내일은 부산시가 주관하는 CEO 경영평가가 있습니다. CEO의 면담 인터뷰를 시작으로 각 경영지표별로 평가위원들의 현장 질문이 있습니다. 각 처·실장 및 팀장들이 작년에 우리 공단이 한 일 중 잘한 것은 강조하고 미진한 부분은 어떻게 보완하고 발전시켜 나갈 것인지를 잘 설명하실 거라 믿습니다. 또한 기획재정처 직원들이 정성을 다해 잘 준비를 해왔습니다.

행정안전부의 경영평가도 6월 3일 CEO 면담을 시작으로 집체평가를 합니다. 예년과 다르게 한곳에 모여 순서대로 평가위원의 질문과 답변이 있을 예정입니다. 답변자로 참여하는 담당자들은 우리 공단을 대표하여 경영실적을 잘 설명해야 합니다. 평가시험에 임해 잘 준비하여 좋은 성적을 얻을 수 있도록 최선을 다해 주시기를 당부드립니다.

경영평가는 실질적으로는 직원들의 성과급 지급의 기준이 되고, 임원들에게는 성과급과 연봉, 연·해임의 기준이 됩니다. 또한 경영평가가 공단의 이미지와 대시민 신뢰에 직결되기도 합니다. 기관 간의 평가점수가 소수점 이내로 큰 차이가 없지만 등급을 가, 나, 다 등 차등적으로 받는 게 현실입니다. 그것이 기관의 이미지에 큰 영향을 미치고 있습니다. 실리와 명예를 다 얻을 수 있기를 기대합니다.

연기되었던 노조창립대회가 5월 15일에 열립니다. 먼저 제20회 공단의 노동조합 창립을 진심으로 축하드립니다. 김현석 노조위원장을 비롯한 노조집행부의 그동안의 노고에도 감사드립니다. 우리 공단은 노사상생의 협력을 기반으로 근무하기 좋은 공단을 만들기 위한 노력을 게을리 하지 않고 있습니다. 올해는 단체협상과 임금협상이 예정되어 있습니다. 노사가 지속가능한 공단의 생존과 발전에 뜻을 모아 원만하게 합의가 도출하기를 기대합니다. 저도 정성을 다하여 최선을 다하겠습니다.

아직 「생활 속 거리두기」가 계속되는 만큼 직장에서나 생활에서 건강에 유의해 주시길 바랍니다. (2020. 5. 11)

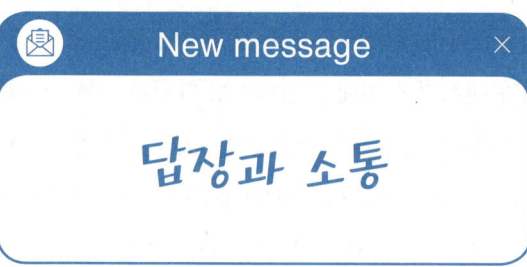

답장과 소통

　지난주 월요일은 개인 사정으로 월요편지가 없었습니다. 코로나19로 열리지 않던 위캔 미팅이 열렸습니다. 그동안 수고한 직원들에 대한 표창장 수여도 있었고, 조직 내 계층 간 갈등에 대한 직원들의 설문조사 발표와 참석자의 의견도 함께 나누었습니다. 아쉬운 이야기를 하나 드린다면 제가 보내는 월요편지를 얼마나 읽고 있는지 의문을 가지게 되었다는 점입니다. 왜냐하면 이번 위캔 미팅에서 사실을 하나 확인했습니다. 우리 공단의 업무포탈 게시판에 부산교통방송에서 한 이사장의 '당신의 음악앨범' 인터뷰 내용을 올렸으나 본부 담당자를 제외하고 참석자 대부분이 읽지 않았다는 사실입니다. 우리는 조직 내에서 다른 사람이 주는 정보에 얼마나 관심을 갖고 있을까요.

　우리는 소통을 합니다. 개인 간에도 하고 조직 내에서도 하고, 조직 간에도 하고, 조직의 외부와도 합니다. 소통은 정보를 주고 나누는 것에서 시작해야 한다고 생각합니다. 내가 업무적으로나 개인적으로 가진 정보를 주고 나눌 때 소통이 시작됩니다. 정보를 주고 나누기 위해 홈페이지도 있고, 전화상담도 있고, Beco-TV, 페이스북 같은 SNS 등도 있습니다. 또한 월요편지도 있고, 업무게시판도 있습니다. 우리 공단은 실·처 간에, 본부와 사업소 간에 소통을 위해 나름 노력하고, 또한 시민과의 소통을 위해서도 다양한 시책들을 펼치고 있습니다. 그러나 소통은 쌍방향이라 받는 곳에서 관심이 없으면 의미가 없습니다.

누군가 의견을 올리면 대응해 주고 반응을 보여야 지속된다고 생각합니다. 지금 게시판에 올라와 있는 '행복한 일터 만들기' 직원 의견수렴도 마찬가지입니다. 직원들이 반응을 보이지 않는다면, 이런 일들이 의미 없다고 생각하고 다음에는 담당부서에서 그냥 추진할 가능성이 큽니다. 그러면 소통이 없게 되고 서로에게 책임을 떠넘길 수 있습니다.

우리 공단이 소통이 한층 더 잘 되었으면 합니다. 게시판에 올라오는 각종 경조사에도 의견을 달아 반응하고, 각종 의견수렴에도 적극적으로 대응하여 정보를 주고받는 소통이 잘 되는 부산환경공단의 고유한 조직문화를 만들어 갑시다. 저의 월요편지에도 답장 주시면 다시 답장해 드리겠습니다. (2020. 5. 25)

- 답장 중에서 -

안녕하세요. 보내주신 축하에 감사답장 드립니다. 입사 3년차 신참사원입니다. 매주 보내주시는 월요편지는 꼭꼭 읽어보고 있지만 차마 이사장님께 답장할 용기가 없었던 점을 이해해 주십시오. 많은 직원들이 저와 비슷한 생각을 가지고 있을 거라 생각합니다. 오늘 하루도 행복한 하루 되시길 바랍니다. (○○사업단 C주임)

공석 중인 팀장의 보직이 빨리 채워지길 요청 드립니다. 인사배치에 어려움이 있겠지만 현장 관리가 중요합니다. 현재의 통합 관제시스템은 선진화된 하수시설이라고 자부합니다. 운영에 차질 없도록 건의를 드립니다. 저는 이번 승진 서열도 다소 밀린 듯합니다. 저에게도 기회를 주십시오. (○○사업소 A과장)

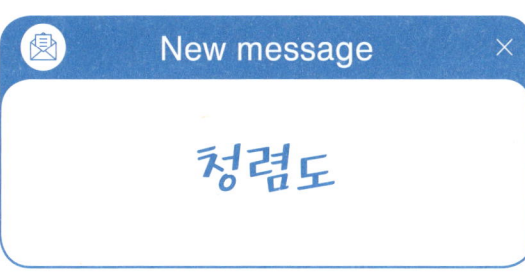

지난주에 기분 좋은 이야기가 있었습니다. 강서구에 거주하시는 주민 한 분께서 우리 직원의 업무처리와 친절함을 크게 칭찬해주셨습니다. 친절한 설명과 전문성, 성실한 모습에 공단에 대한 믿음이 생겨났다고 하셨습니다. 저도 당해 직원에게 감사의 편지를 보냈고, 서부사업단 전 직원에게 고마움을 표시했습니다. 직원 한 분 한 분이 공단의 얼굴이자 미래입니다. 우리 직장이 앞으로도 시민들에게 많은 사랑을 받으며 나날이 발전하고 성장해 나가도록 힘을 모아 봅시다.

2020년 간부 직원 부패위험성 진단결과가 나왔습니다. 지난 5월에 「조직 환경의 부패위험도와 간부 직원의 청렴도 평가 조사」를 민간 용역업체에 맡겨 설문조사한 결과를 보고 받았습니다. 조직 환경 부패위험도는 6.00점으로 전년과 동일하나 재작년 6.34점보다는 낮은 수치이고, 민간 업체가 진단한 390개 공공기관의 평균 6.27점보다 낮습니다. 우리 직원들이 우리 공단의 조직 환경이 부패 발생의 위험이 많다고 인식하고 있다는 것입니다. 평가항목별로는 조직개방성 6.25, 권한의 크기 5.98, 의사결정과정의 공정성 6.23, 연고주의 5.63, 퇴직자 재취업 5.91로 조사되었으나 연고주의와 공단 직원의 퇴직 후 재취업이 낮은 이유는 좀 더 분석할 필요가 있어 보입니다.

간부 개인별 청렴도는 9.46으로 전년 9.40 대비 조금 올랐고, 재작년과는 동일한 수준입니다. 민간업체가 진단한 410개 공공기관의 평균 9.58점보다 낮습니다. 항목별로는 청렴 실천노력 등 건전한 공직풍토 조성 9.60, 부당이익 수수금지 9.58, 직무 청렴성 9.43, 공정한 직무수행 9.17입니다. 동료나 직원들이 볼 때 다른 요인보다 간부들이 보다 더 공정하게 업무수행을 해주기를 바란다고 생각됩니다. 부패위험도나 간부 청렴도를 다른 공공기관의 조사 결과와 비교하면, 우리 직원들이 바라는 요구 수준에 미치지 못하다는 걸 알게 됩니다. 조사방법에 의문을 가질 만한 요소는 없는지 살펴보고, 부패 위험도 개선이나 간부들의 청렴도 향상을 위한 방안들도 해당 부서에서 적극적으로 강구해서 실행해 주시기 바랍니다.

제가 이사장으로 부임하면서 혁신, 안전, 윤리경영을 강조했습니다. 이번의 조사결과를 보면서 윤리경영이 조직문화에 뿌리내리게 하려면 노력을 가일층 기울여야 한다는 것을 절감합니다.

코로나19가 수도권에서 확산할 우려가 보이니 직원 여러분이나 가족들이 사회적 거리두기에 소홀함이 없기를 바랍니다. (2020. 6. 8)

간부평가

    공단은 창단 20주년을 맞이하여 안전보건경영 중장기마스트플랜을 수립하면서 직원들의 의견을 모아 「함께하는 안전으로 행복한 BECO」를 비전으로 정했습니다.

    우리는 장마철이 되면 예방조치를 합니다. 요즘은 아파트 생활이 주를 이루어 크게 신경을 쓸 부분이 많지 않으나, 이전에는 옥상의 방수나 비가 집으로 들어올 염려가 있는 부분 등 손봐야 할 것들이 많았습니다. 또 선풍기나 에어컨 청소 등도 미리 해야 합니다. 우리 공단도 마찬가지라고 생각합니다. 침수될 곳은 없는지, 하수가 막힐 곳은 없는지, 무너지거나 넘어질 우려가 있는 곳은 없는지, 밀폐공간의 유해가스는 잘 관리되고 있는지 등을 살펴보고 조치해야 할 것들이 우리가 관리하는 시설의 크기만큼 많습니다. 유비무환(有備無患)이라고 했습니다. 각자가 맡은 시설과 장소를 다시 한 번 살펴보는 지혜로 무탈한 올여름이 되었으면 합니다.

   2020년 공단 간부에 대한 노동조합원의 설문조사 결과가 나왔습니다. 먼저 전년도와 비교하여 간부들에 대한 평가가 하락한 것에 이사장으로서 책임감을 느낍니다. 간부들이 주어진 역할을 수행하고, 동기부여를 주거나 직원들과의 소통을 하는 부분에 전년보다 약간씩 낮은 평가를 받았습니다. 고압적, 권위적인 자세는 아직도 많은 개선이 필요하고, 학연, 지연 등 여러 가지 이유로 특정업체와의 계약, 인사상의 특혜 등이 여전하다고 인식하고 있습니다. 특히 우리 직원들은 간부들이 책임감 있게 성실히 주어진 업무를 챙기고, 직원들을 잘 이끌어주기를 기대하고 있습니다.

   그동안 공정하고 투명한 경영을 내세우고, 인사제도의 혁신 등을 추진해 왔으나, 직원들은 현실에서는 간부들이 크게 변한 게 없다고 평가를 합니다. 이번 주에 있을 조직문화 혁신토론회에서 깊이 있는 논의가 있길 기대합니다. 아울러 이전에 계획했던 '간부 소통리더십 교육'을 조속히 시행하여 간부들이 먼저 변하는 모습을 보여줍시다.

   무더위가 점점 세기를 더합니다. 여름철 건강에 항상 조심하시길 바랍니다. (2020. 6. 15)

천운·지운·인운

  오늘은 상반기를 보내고, 인사를 앞둔 시점이라 글을 인용하는 것으로 편지를 대신하고자 합니다. 사람에게는 세 가지의 운(運)이 있답니다. 그것은 바로 천운(天運), 지운(地運), 인운(人運)입니다.

  천운(天運)은 하늘이 정해준 운으로, 내 부모가 아무개라는 것, 내 성별이 남자 혹은 여자라는 것 등 바꿀 수 없는 운을 말하고, 지운(地運)은 타고난 재능으로 그림이나 연기, 노래 등 타고난 재능은 지운이 결정한다고 하네요. 아무리 천운과 지운을 잘 타고났어도 마지막 인운(人運)에서 그르치면 삶이 힘들어진답니다. 인운(人運)은 사람 복을 말하며, 인생에서 어떤 사람을 만났으며, 그 사람이 내 인생에 도움이 됐는지 안 됐는지는 인운(人運)으로 정해진답니다. 인운(人運)은 인간의 힘으로 바꿀 수 있다고 하며, 인운(人運)을 풍요롭게 가꾸기 위해서는, 천운(天運)과 지운(地運)을 탓하거나 원망해서는 안 된답니다.

부모를 탓하고 시대를 탓하고 직장을 탓해서 해결되는 것은 없으며, 부모와 시대를 탓하는 것은 자신의 근본을 부정하는 것, 자신이 몸담은 직장을 불평하고 욕하는 사람도 잘 될 수 없으며, 무엇을 탓하기 시작하면 운(運)이 오지 않는 답니다.

얼굴에 불평불만이 가득한 사람에겐 운(運)이 왔다가도 되돌아가며, 이별의 순간에도 처음 만났을 때의 마음을 잊지 않는다면 그 사람은 더 좋은 인운(人運)을 만나게 된다고 합니다. 인운(人運)으로 인생을 바꾸고 싶다면, 아무리 힘들더라도 끝을 잘 맺어 좋은 인연 맺고, 소원성취하시길 기원합니다.

장마가 시작된다고 합니다. 늘 건강 조심하세요. (2020. 6. 22)

- 답장 중에서 -

매주 월요편지를 받으면서 생각하는 시간이 늘었습니다. 김수환 추기경의 친전 중에서 '사랑이 머리에서 가슴으로 내려오는데 칠십년 걸렸다.' 이 한마디 문구가 가슴을 저릿하게 만듭니다. 고개를 끄덕이며 '그래! 사람은 포도주처럼 익는 것이야'라고 되뇌어 봅니다.

(○○사업소 C소장)

승진과 전보

　지난주 2020년 7월 기준으로 승진과 전보인사가 있었습니다. 먼저 공단의 발전과 개인의 성취를 위해 최선을 다하고 정든 직장을 떠나시는 공로연수자와 퇴직자 여러분께도 감사의 말씀을 꼭 전하고 싶습니다. 그리고 영전을 한 직원들에게 축하의 인사를 드립니다. 또한 본인의 뜻과 다르게 승진을 못했거나 원하는 자리로 이동하지 못한 직원들에게도 미안하다는 마음을 전하고 위로의 말을 드립니다.

　승진과 전보와 관련하여 이사장의 생각을 직원 여러분과 공유하고자 글을 씁니다. 저는 능력과 평판을 바탕으로 한 적재적소 인사를 중시합니다. 그래서 저는 인사에 있어 개개인의 능력과 평판을 여러 채널을 통해 또는 인사기록, BSC, 청렴도 등의 자료를 통해 살펴봅니다. 묵묵히 일하는 좋은 인재가 능력을 발휘할 기회를 놓치는 것은 개인이나 조직에 도움이 되지 않기 때문에 편견 없이 살펴보고 적재적소에서 인재를 배치하는 안목을 가지려고 노력합니다. 물론 팀장까지가 저의 범위입니다. 그 이하의 직원은 '상사는 내 운명'처럼 간부나 담당부서의 의견을 존중합니다. 저는 공무원 30여 년 동안 승진과 전보와 관련하여 부탁을 해본 적이 없습니다. 때로는 발탁되기도 하고, 때로는 밀려서 방황하기도 했습니다. 교육을 자주 간 이유도 이것과 무관하지 않습니다. 저 자신을 나타내는 것에 부족했다는 생각을 하면서 숨은 인재를 찾고 있습니다. 요즘은 '개인 홍보시대'라 하지 않습니까? 의지는 우리가 살아있다는 증거입니다. 의지가 없는 곳에는 일하려는 동기와 노력이 없습니다. 임원들은 직원 여러분의 의지를 다양한 방법으로 보고 있으니 응답해 주시길 바랍니다.

직원들이 근무하고 싶은 간부와 근무하기 싫은 간부가 있습니다. 왜 그럴까를 생각해 보면 일에 대한 열정 때문에, 태도 때문에, 더러는 배울 게 없기 때문에, 일에 대해 책임지지 않기 때문이라는 경우도 있고, 심지어 일을 안 하기 때문이라는 사례도 있다고 합니다. 직원들은 냉정하게 또는 따뜻한 마음으로 상사를 바라봅니다. 간부는 조직과 소속 직원을 책임지고 있습니다. 좋은 상사 밑에 좋은 직원이 있습니다.

사업단 체제로의 조직개편에서 그랬듯이 인사문제도 임직원들의 의견을 최대한 수렴했습니다. 조직이나 인사가 나아갈 방향을 제시하지만 구체적인 내용은 임직원과 노동조합의 의견을 충분히 듣고 반영하고 있다는 말씀을 드립니다. 새로 자리를 옮긴 직원은 새로운 업무 파악에 힘써 주시고 간부들도 현안 해결에 매진해 주시길 바랍니다. 특히 행복경영을 위한 직원과의 소통을 당부드립니다. 장마와 폭염, 잘 이겨내시고 건강한 여름을 보냅시다. (2020. 6. 29)

2020년 7월 기준으로 민선 7기 시정의 전반기가 마무리되었고, 공단의 임원진도 전반기를 지났습니다. 공단 경영의 책임을 맡은 이후로 나름 최선을 다했으나, 부족한 점 또한 없지 않을 거라 생각합니다. 그동안 경영진을 믿고 최선을 다해 주신 부서장과 직원 여러분께 감사의 말씀을 드립니다. 김현석 노조위원장을 비롯한 노동조합에도 고마움을 표합니다.

오늘 경영전략회의에서 저의 후반기 경영방향을 밝혔습니다. 공단이 이루어낸 전반기 실적이나 후반기에 추진할 사업 및 검토할 사업들에 대해서는 공지사항으로 올릴 것입니다.

후반기를 맞이하면서 제가 정성을 다해 추진하고자 하는 경영의 추진방향은 아래의 7개 키워드를 중심으로 하겠다는 말씀을 드리고자 합니다. 혹시 TMS나 PING을 모르시는 분은 없겠지요? 하수처리장 수질사고

하면 생각나고 우리들이 공단의 인재상으로 제시한 것입니다. 조직의 TMS, 개인의 PING을 꼭 기억해 주십시오. 그리고 많은 성원과 격려를 부탁드립니다.

후반기 주요업무 추진계획은 다음과 같습니다. 조직은 TMS, 개인은 PING을 주제로 추진방향을 설정하였습니다. TMS는 기술(Tech), 혁신경영(Management), 시민만족(Satisfaction)을 말하는 것이며, 우리 공단의 인재상인 PING은 열정(Passion), 혁신적 사고(Innovation), 소통(Networking), 글로벌(Glovality)을 의미하는 것으로, 이러한 방향에 맞추어 중점 추진되는 과제는 △목적사업 기술혁신 및 사업 확대 △성과지향적 조직 및 인사 운영 △시민과 함께하는 사회적 가치 실현 △개인과 조직이 만족하는 행복한 일터 만들기를 추진하고 전사적인 슬로건으로 3S (Smart, Standard, Special) 운동을 추진하고자 합니다. 회사는 일을 제공하고 일은 나와 가족의 삶의 터전이 됩니다. 터전을 가꾸는 일에서 모두가 행복해졌으면 좋겠습니다.

(2020. 7. 6)

- 답장 중에서 -

지금 ○○사업소에는 한창 만개하여 피어있는 해바라기와 때 아닌 코스모스까지 피어 혼자 보기가 아까워 이사장님께도 보여 드립니다. 한 주가 시작되면 어김없이 전해 주시는 월요편지에 항상 관심과 감사의 마음을 전합니다.

(○○사업소 H차장)

정부는 코로나19로 힘든 시간을 보내는 국민들에게 위로의 시간을 드리고자 각종 할인쿠폰과 함께 임시 공휴일을 시행하였으나, 또 다시 코로나19가 확산되어 그 의미가 퇴색되었습니다. 오히려 사회적 거리두기 2단계가 시행되어 각종 모임과 활동이 제한되고 비대면으로 전환되었습니다. 우리 공단도 외부인 접촉자제, 축구장, 테니스장 등 체육시설 사용 금지 조치가 있었고, 월요회의, 위캔(We CAN) 미팅 등 공단의 주요 회의나 행사도 비대면 화상으로 진행합니다.

코로나19가 진정될 때까지 직원 한 사람 한 사람이 각별한 주의를 해 주시기를 바랍니다. 공단도 노조위원장의 제안을 받아들여 마스크 착용의 편리를 위한 마스크 걸이를 배부하는 등 직원들이 코로나19를 이겨나가는 데 필요한 것에 대한 지원을 해 나가겠습니다.

오늘은 경제신문에서 가져온 연구 및 보도자료를 인용하고자 합니다.

공단의 경영진과 간부도 이와 크게 다르지 않을 거라 생각합니다.

CEO들이 하는 생산적인 고민에는 어떠한 것들이 있을까? 미국의 비영리 경제 조사기관인 컨퍼런스 보드는 이에 대한 의문을 가지고 미국, 유럽, 아시아, 남미 등 세계 CEO 605명을 대상으로 설문 조사를 했다. 전 세계 CEO들이 밤을 새우며 하는 고민 BEST 3은 무엇일까? 그 첫 번째가 '고객을 어떻게 관리할 것인가?'였다. 고객에게 선택지가 다양해졌고, CEO는 자신들의 상품이 소비자들에게 어떻게 매력적으로 다가가게 할지에 대해 고민하는 시대가 됐다. 고객 관리가 어느 때보다 중요한 시대가 된 것이다.

CEO의 고민 BEST 두 번째는 '혁신을 어떻게 일구어낼 것인가?' 아무리 강조해도 지나치지 않는 단어가 바로 혁신이다. 혁신에 사전적 의미는 '묵은 풍속, 관습, 조직, 방법 따위를 완전히 바꾸어 새롭게 함'이다. 단순히 새로운 일만을 도모하는 것이 아닌, 기존에 행하고 있던 일 또한 완전히 뒤엎어 새롭게 시작한다는 의미로 이해하는 게 맞다. 불가피한 경쟁 사회에서 기업을 성장시키기 위해 CEO들은 오늘도 혁신을 고민하고 실행한다.

마지막 세 번째 CEO의 고민은 "어떻게 최고급 인재를 확보하는가?" 기업을 이끄는 리더들의 머릿속에 가장 많은 파이를 차지하는 고민은 '최고급 인재확보'였다. 다시 말해, CEO는 회사에 필요한 인재를 확보하여 그들이 회사에서 최고의 퍼포먼스를 발휘할 수 있도록 가장 많이, 그리고 끊임없이 고민한다는 것이다. CEO들에게 그 이유를 물어보니 "결국 내·외부 문제를 해결하는 건 사람이기 때문이다. 최고 인력을 많이 확보하고 유지하는 문제가 회사의 장기전략 수립과 미래 성장에 가장 중요한 요소이다"라고 대답했다

우리도 시민이 공단의 주인이라는 인식하에 시민과 소통하고 공감을 얻기 위해 많은 노력을 하고 있고 또한 더욱 발전시켜 나가길 바라며 혁신경영의 경영방침에 따라 일일신 우일신(日日新 又日新)이 이루어지길 바라며, 당차고 재개빌랄한 성실한 신입 직원의 선발과 기존 직원의 역량향상을 위한 노력을 가일층 경주해주기를 바랍니다.

코로나19에 더해 태풍 '바비'가 주중에 온다고 하니 안전에 유의하고 피해가 없도록 대비에 최선을 다합시다. (2020. 8. 24)

- 답장 중에서 -

○○○단에 신규 임용된 ○○○주임입니다. 매력적이고 다니고 싶은 회사 분위기에서 일을 배우니 적응도 빠른 것 같습니다. 이번 주 월요편지에서 배우는 자세와 어려운 문제는 동료와 열린 소통으로 해결 할 수 있다는 방법론을 찾았습니다. 앞으로 우리 회사의 꼭 필요한 인재가 되도록 하겠습니다. (○○단 Y주임)

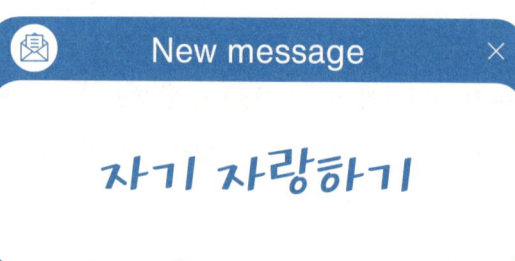

자기 자랑하기

　흔히 9월부터 시작되는 가을을 수확의 계절이라고 하지요. 정부나 공공기관들은 이때쯤이면 올해의 추진계획을 점검하여 미진한 부분을 만회하기 위한 방안을 마련하고 일의 속도를 더해 목표를 달성하려고 합니다. 또한 이런 작업을 하는 가운데 영감을 얻어 개선점을 찾고 새로운 사업을 발굴하여 내년도에 추진할 대상사업으로 만듭니다. 올해의 업무에 대한 반성이나 점검이 없으면 새로운 아이디어나 개선이 이루어지지 않는다고 봅니다. 9월에 이 작업을 정성을 다해 치열하게 점검하고 확인해 나가도록 각자 맡은 바 최선을 다해 봅시다. 아울러 직원 여러분 개인이 세웠던 올 한해의 계획과 다짐도 그 달성 여부를 살펴보고 연말에 만족할 만한 성과를 낼 수 있게 새로운 다짐을 해보는 것도 좋을 듯싶네요.

　오늘은 '자기 자랑하기 3단계 법칙'을 소개하고자 합니다. 미국 컨설팅

회사 「파인 포인트」의 파인먼 CEO는 그의 저서 『더 요령 있게 자기 자랑을 하라(Master the Art of Fearless Self-Promotion)』에서 '자기 자랑하기 3가지 법칙'을 소개하고 있습니다.

첫 번째는 '자부심을 가져라(be proud)'입니다. 개인은 스스로의 성과에 대한 열정과 자부심을 가져야 한다는 것입니다. 파인먼 CEO에 따르면 본인의 업적에 열정적(enthusiastic)이지 않으면 그 어느 누구도 개인의 성과를 자랑스러워 할 수 없습니다. '자기 자랑은 단지 사실을 말하는 것'이라는 점을 스스로에게 상기시키며 부끄러움에서 벗어나고 당당히 자신의 성과를 다른 사람들에게 말해야 한다는 것입니다.

두 번째 법칙은 '시끄럽게 이야기하라(be loud)'입니다. 개인이 직접 말을 하기 전까지 사람들은 그가 누구인지, 어떤 업무를 담당하는지, 또 어떤 업무 결과를 냈는지 알 수 없습니다. 개인이 스스로 이야기해야만 알 수 있습니다.

세 번째 법칙은 '전략적으로 행동하라(be strategic)'입니다. 자기 자랑을 함으로써 무엇을 이루고 싶은지 알아야 한다는 의미입니다. 가령, 어떤 강연을 하기 위해 여태껏 자신이 해온 일을 이야기 한다거나, 승진을 위해 업무 성과를 공유하는 것도 좋은 방법입니다. 그게 아니면 진짜 순수한 마음으로 자신이 얼마나 힘들게 일해 왔는지를 상사에게 알리기 위해 자기 자랑을 할 필요가 있습니다.

파인먼 CEO는 자기 자랑은 '사실을 말하는 것'이라 정의하고, 그 필요한 이유를 "스스로가 본인이 한 일을 이야기하지 않으면 그 어느 누구도 개인이 한 일을 알아주지 않고 그 누구도 당신이 한 일을 알 수도 없기 때문"이라고 정리하고 있습니다.

지난 시간을 거슬러 올라가면 공무원 생활 동안에 자기 자랑을 하는 것에 매우 게으리했다는 생각을 합니다. 심지어 시민단체 회장님께서 저에게 충고를 해 주시기도 했으니까요. 성격 탓으로 돌리기엔 아쉬운 점이 너무 많습니다. 간부들은 직원들이 하는 일에 관심을 갖고 칭찬과 격려를 해주고, 직원들은 열심히 일했는데 상사가 몰라준다고 속상해 할 것이 아니라 자신의 열정과 성과를 적극적으로 개진해 주시기 바랍니다. 이런 가운데서 상사와 직원 간의 소통과 공감이 늘어날 것입니다.

태풍 마이삭이 주중에 강풍을 몰고 부산지역을 통과한다고 합니다. 강풍에 따른 피해가 없도록 대비에 최선을 다합시다. (2020. 8. 31)

- 답장 중에서 -

이사장님 저희 부서는 매일 아침 9시 직원들이 강당에 모여 국민체조를 합니다. 업무에 지친 몸을 풀기도 하지만 업무 시작하기 전에 안부를 묻는 과정에서 더 가까워지고 업무 협조도 잘되는 것 같습니다.

(○○사업소 W팀장)

　9월 출근시간에 태풍 하이선이 부산을 통과하고 있었습니다. 어제 저녁에 비상근무를 한 직원들에게 감사의 인사를 드립니다. 아직 태풍의 영향권에 있지만 무사히 지나가기를 바라며 혹시 있을지도 모르는 피해에 대비하고 있습니다. 아침 부산지역은 주요 도로들이 통제되어 차량의 이동에 큰 불편이 있었습니다. 직원들의 출근시간을 유연하게 조정하였으나 도로의 침수상황이 조기에 해소되지 않으면 별도의 조치도 필요합니다. 공단에 큰 피해 없기를 바라면서 다시 한 번 더 상황 관리에 최선을 다해 주시기를 부탁드립니다. 이사장실도 비가 들어와 신문지 등으로 임시조치를 취하는 어려운 상황입니다.
　요즘 경영계의 화두 중 하나는 ESG입니다. ESG는 기업의 비재무적 3가지 요소로서 환경(Environment), 사회(Social), 지배구조(Governance)를 뜻하는 말입니다. 기업의 경영상황이 악화될수록 이런 비재무적 요소들에 대한 관심이 줄어들 것 같지만 최근의 경영환경은 오히려 이를 더 강조합니다. 실제 ESG를 중심으로 움직이는 기업들이 투자시장에서도 인기를 얻고 있습니다. ESG 관련 동향자료를 살펴보면, 기업들은 비즈니스 활동을 하면서 사회적으로 중요한 이슈의 해결에도 앞장설 것을 요구받고 있습니다. 사회적으로 의미 있는 긍정적 변화를 가져옴으로써 더 나은 세상을 만드는 힘인 소셜 임팩트가 기업 가치 판단의 준거가 되고 있다고 합니다. 세계 1위 커피회사 네슬레는 지역사회가 함께 번영해야 한다는 믿음을 가지고, '네슬레 소사이어티 피라미드'라고 명명된 사회적 가치수립 체계를 구축하고 커피 생산지 지역주민의 영양, 지역 수자원 개발, 생산기술 및 인력양성 등 지역개발 사업을 펼쳐 수확량과 농가 수입을 증대시켰고, 소비자들에게는 더 좋은 커피를 제공할 수 있게 되었다고 합니다.

현재 정부나 부산시도 공공기관의 사회적 책임을 강조하고 있습니다. 경영평가의 지표에도 반영하고 있고, 시정방침으로 추진을 요구하기도 합니다. 우리도 공단의 존재 이유인 목적사업을 추진하면서 지역사회와 함께 동반성장할 수 있도록 방안을 적극 강구해야 합니다. 이러한 ESG 가치는 기존의 목적사업을 지역주민과 함께 그것을 운영하고 또한 지역기업 및 대학과 거버넌스를 구축하여 동반성장을 이끌어내야 하는 목표가 된 것입니다. 하반기에 제시한 TMS(기술, 경영, 고객만족) 경영키워드를 시행함에 있어 공단의 사회적 책임을 연계시켜 추진하기를 바랍니다. 우리는 시민, 대학, 기업과 어떻게 협력할 것인가, 공동으로 추진할 것은 없는가, 정보공유는 어떻게 할 것인가, 지역의 환경문제 해결을 어떻게 공동으로 대응할 것인가 등을 고민해야 합니다. 부산환경공단이 지역의 환경문제 해결에 보다 적극 나서는 것은 물론 사회적 책임을 다해 주기를 지역사회가 요구하고 있다고 생각합니다. 우리 공단은 부산시민과 부산시가 있기에 존재합니다. 시민은 말은 없어도 항상 우리를 지켜보고 있다는 것을 명심해야 할 것입니다.

태풍 하이선이 지나면 가을이 옵니다. 시간은 어김이 없습니다. 이번 한 주도 나로 인하여 의미 있는 결과를 만드는 시간 되시길 바랍니다.

(2020. 9. 7)

시민 특강

　오늘 오전에 시민단체가 주관하는 세계시민대학에서 '부산의 하수와 생활쓰레기 처리'를 주제로 특강을 했습니다. 부산의 하수처리 및 관련 시설, 생활쓰레기 처리 및 관련 시설 현황을 소개하고 당면한 문제와 시민들의 협조사항을 말씀드렸습니다. 그리고 우리가 하는 일들과 직원들이 어려운 가운데서도 사명감을 갖고 맡은 바 일에 최선을 다한다는 점을 강조했습니다. 특히 작년부터 공단이 역점 추진하는 「에코백 런(RUN) 캠페인」에 적극 동참해주실 것을 당부하면서 우리뿐만 아니라 후손에게 깨끗한 환경을 물려주기 위해 비닐봉투의 사용을 자제해 달라고 했습니다. 우리 직원들도 에코백 생활화하고 계시겠지요?
　오늘 특강을 준비하면서 하수처리의 역사를 좀 살펴보았습니다. 하수는 생활주변에 버려지다가 강으로, 강 하류나 바다로 보내어지고, 영국에서 19세기 말 미생물을 활용한 활성슬러지법이 개발되어 오늘에 이르고 있습니다. 우리나라는 일제 강점기에 하수관로가 설치되기 시작하여 청계하수처리장이 처음 건설되었고, 부산은 88올림픽을 대비하면서 수영하수처리장이 최초로 건설되었으며, 잘 아시다시피 부산에는 현재 12개 하수처리장이 있습니다.

하수처리는 도시의 생존에 관한 문제이고, 도시민의 건강을 책임지는 도시 인프라입니다. 중세시대 서양에서는 오물을 건물 위에서 아래로 그냥 버려 도로가 오물 투성이었고, 이를 피하기 위해 하이힐, 망토, 양산이 생겨났다는 이야기도 있습니다.

우리 공단의 목적사업은 하수와 생활쓰레기 처리를 말합니다. 하수처리는 도시에서 꼭 필요한 인프라이고, 공단의 존재 이유이므로 우리는 이를 소홀히 할 수 없습니다. 처리된 수질이 법정기준을 초과하지 않도록 노심초사의 마음으로 시설을 운영해야 하고, 하수관로가 잘 유지될 수 있도록 점검과 관리에 만전을 기해야 합니다. 오늘 특강을 하면서 시민들에게도 잘 하겠다는 약속을 했습니다. 공단 임직원들이 다시금 우리의 목적사업에 대해 고민하는 시간을 갖길 바랍니다.

희망찬 사람은 그 자신이 희망이다. 길을 찾는 사람은 그 자신이 새 길입니다. (2020. 9. 14)

악화와 양화

　오늘은 우리가 추진하는 일의 목적에 대해 말하고자 합니다. 이번 주에도 공단은 많은 일을 계획하고 실행에 옮깁니다. 'YES 뉴노멀 워킹그룹' 랜선 발대식, 시민과 부산환경공단(BECO)의 콜라보 테마제안 계획 수립, 추석연휴 종합관리 추진계획, 노사 한마음협의회 개최, 임금인상 협약체결, 신규직원 멘토링 워크숍, 산학협력 연구개발사업 응모계획, 공정안전관리 선제적 대응계획, 안전보건경영시스템 국제인증 절차 이행, 추석연휴 대비 사업장 안전점검, 추석 명절맞이 나눔 행사 추진, 하수처리장 정전 위험성 분석 및 결과보고, 하수찌꺼기 성분 분석보고, 2021년 오수관로 유지관리 단가계약 실시설계, 소각장 정기보수 관련 회의, 도로 위 비산먼지 제거차량 저감효과 측정, 소각시설 다이옥신 측정, 사업소 자체종합감사 등 크고 작은 일들을 임직원들이 소관부서에서 추진 중입니다.

경제학에 '악화가 양화를 구축한다(Bad money drives out good)'는 그레샴의 법칙이 있습니다. 오늘날 이 말은 경제 분야는 물론이고 다른 분야에서도 빈번하게 사용되고 있습니다. 그만큼 좋은 것이 나쁜 것에 의해 밀려나는 현상이 여러 곳에서 발생한다는 것입니다. 우리가 하는 일들이 그 목적을 잃어버리고 일 그 자체에 매몰되는 경우가 종종 있습니다. 그러면 배가 산으로 가는 것처럼 수단이 목적을 대체하는 일이 벌어집니다. 지금 내가 하는 일의 성과가 추진하고자 하는 목표에 얼마나 도달하느냐가 중요하지, 내가 이 일을 수행했다는 사실은 덜 중요합니다. 가령 뉴노멀 워킹그룹 발대식은 워킹그룹을 운영하여 얻고자 하는 것을 충분히 감안해야 합니다. 행사(계획)도 중요하지만 그 행사(계획)의 목표를 언제나 기억해야 합니다.

> 가지 말라는데 가고 싶은 길이 있다
> 만나지 말자면서 만나고 싶은 사람이 있다
> 하지 말라면 더욱 해보고 싶은 일이 있다

이번 한 주도 바쁠 것 같습니다. 월요일 힘내시길 바라며 나태주 시인의 글을 인용합니다. (2020. 9. 21)

- 답장 중에서 -

매주 월요일 CEO편지가 기다려집니다. 조금은 지쳐 보이십니다. 힘내십시오. 제가 지칠 때마다 즐겨 읽는 시 한 구절입니다.

눈이 부신 해는 산 너머 쓰러지고 황하는 바다로 흐르는데 먼 천리를 바라보려 다시 누각을 한층 더 올라가네.
- 〈관작루에 올라〉, 왕지환, 당나라 시인 -
(본사 J처장)

월요편지에 특별히 '예스(YES) 뉴노멀 워킹그룹'을 언급해주셔서 무한한 책임감과 함께 감사한 마음이 동시에 듭니다. 사실 온라인으로 워킹그룹을 운영하기가 만만치 않은 상황임에도 첫 시발점을 잘 디딘 것 같아 다행입니다. 좋은 성과를 낼 수 있도록 내실 있게 관리해나가겠습니다.
(본사 B과장)

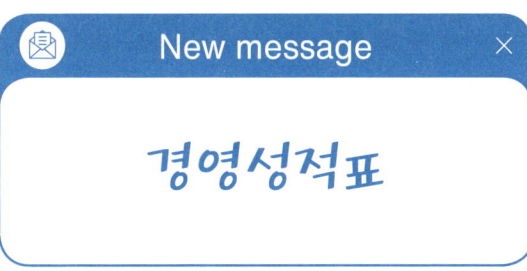

추석연휴 잘 보내셨는지요? 연휴기간 중에 비상근무를 해주신 직원 여러분께 감사 인사를 드립니다. 코로나19 접촉자 관련 직원들이 모두 음성판정을 받아 다행이기도 합니다. 직원 스스로가 접촉을 자제하고 방역지침을 잘 지켜주셨기 때문일 것입니다.

추석 연휴가 들어가기 전 2020년 경영평가 결과가 발표되었습니다. 우리 공단은 4년 연속 '가' 등급을 받는 쾌거를 거두었습니다. 경영성과를 거두는데 열과 성을 다해준 임직원 여러분께 감사의 인사를 드립니다. 수고하셨고 고맙다는 인사를 드립니다.

사실 올해의 경영평가는 많이 힘들었습니다. 작년 뜻하지 않게 하수처리 수질 초과사례가 있었고 부산시 감사에서 안전 분야에 대한 시정 지시도 있어서 몇 가지 실적 감점요인의 어려움이 있었습니다. 앞으로 우리 공단이 보완해나가야 할 과제이기도 합니다. 하지만 공단의 기획혁신

팀은 숨겨진 성과를 한 톨까지 찾아내고 잘못된 실적 정보를 바로잡는 등 세세한 부분까지 챙기는 알뜰함을 보여주었습니다. 다면 집체평가를 위해서 관련 전문가를 모시고 특강도 듣고 예행연습을 하는 등 전략적인 접근을 보여주었습니다. 마지막까지 예의주시하면서 지방공기업평가원, 행정안전부 등에 땀으로 일군 실적에 대해서 한 치의 누락됨이 없도록 공단의 의견을 적극 반영하는데 최선의 노력을 다해주신 것에 고맙다는 말을 전합니다.

저는 행안부 경영평가를 우리가 목적사업을 운영하는 데 있어 필요 최소한의 것이라고 봅니다. 가장 기본적인 경영이고 시민에 대한 예의입니다. 적어도 다른 환경공단이나 민간기업에 비해 비교우위는 있어야 한다고 생각합니다. 경영평가의 지표에는 지금 이 순간 국가나 부산시가 요구하는 사항들이 반영되어 있습니다. 가령 내년도 경영평가 지표를 보면 공사 공단의 사회적 책임을 강화하기 위해서 지속가능경영, 사회적 가치 실현, 재난안전사고 관련 지표들이 특히 강조되고 있습니다.

사람이 시키는 것만 하면서 살 수는 없을 것입니다. 내가 나아갈 방향을 찾고 목표를 설정하고 그것을 실행해나가는 것도 의미 있는 일입니다. 우리가 설정한 '글로벌 환경공기업 BECO with HUMAN & TECH'라는 비전을 착실히 이루어나가는 일이 구호에만 그치는 것이 아니라, 엄중함을 갖고 반드시 달성해야 하는 것이라고 생각합니다. 우리의 미래세대, 미래의 직원들이 근무하고 싶은 환경공단으로 자리매김할 수 있게 지금 우리들이 그 터전을 잘 다져나가야 하지 않을까요. 우리에게 주어진 목적사업 운영과 미래 비전에 잘 대응하여 내년에도 좋은 결과가 있도록 최선을 다합시다. (2020. 10. 5)

- 답장 중에서 -

힘이 느껴지는 월요편지입니다. 모든 경영성과에 함께 할 수 있어 영광입니다. 금년의 경영성과를 한마디로 압축 할 수 있는 놀라움과 큰 즐거움이었습니다. 더 분발하는 공단이 되도록 조직발전에 기여하도록 하겠습니다.

(본사 O팀장)

가을이 완연히 우리 곁에 오니 가을의 시들이 생각납니다. 그중에서도 결실, 수확, 바람 등이 담긴 것들만 모아 봤습니다.

윤동주 시인은 〈내 인생에 가을이 오면〉 시에서 자신을 되돌아보고 있습니다.

내 인생에 가을이 오면,
나는 나에게
열심히 살았느냐고 물을 것입니다.
그때 자신 있게 말할 수 있도록
나는 지금 맞이하고 있는 하루하루를
최선을 다하며 살겠습니다.

시인 김현성은 시 〈가을〉에서 스스로를 다듬는 시간을 갖습니다.

> 꽃잎을 이겨
> 살을 빚던 봄과는 달리
> 별을 생각으로 깎고 다듬어
> 가을은
> 내 마음의 보석을 만든다.

가을이 수확의 계절이다 보니 경영성과와 관련되는 어록들도 생각나서 정리해 봅니다. 전 GE 최고경영자 랄프 코디너(Ralph Cordiner)는 "훌륭한 리더는 최소한 3년 이내에 자기보다 3배의 성과를 높일 수 있는 사람을 3명 이상 육성해야 할 책임이 있다. 상사의 업적은 부하들의 능력을 통해 달성된다"라고 직원 양성에 대한 리더의 역할을 제시했습니다.

제프리 페퍼는 조직에 꼭 필요한 인재를 강조하면서 "업무가 단순할 때는 일 잘하는 직원과 못하는 직원의 생산성 차이는 많아야 3배 정도에 지나지 않는다. 중급 정도의 난이도를 지닌 업무일 때도 생산성 차이는 최대 열두 배 정도다. 그러나 복잡한 일에 맞닥뜨리면 인재와 그렇지 못한 직원의 성과는 거의 무한대에 가까운 차이가 난다"고 했습니다.

아울러 하워드 슐츠 스타벅스 회장은 직원이 회사의 경쟁력이라고 말합니다. "직원들을 만날 때마다 저 때문에 부자가 되었다고 감사하고들 하시는데, 전 그렇게 생각지 않습니다. 저야말로 여러분 덕분에 부자가 된 사람입니다. 따라서 감사해야 할 사람은 여러분이 아니고 바로 접니다. 제게 있어 여러분은 타 기업이 흉내 낼 수 없는 경쟁력이요, 회사의 얼굴입니다."

 이러하듯 가을이 되면 모두는 시인이 되고 경영자가 되고 철학자가 됩니다. 자기 삶의 방식대로, 하는 일 그대로, 하나의 경험법칙을 살린 자산으로 열매를 맺을 것입니다. 저명인이 말한 구구절절한 명언에 답할 수 있는 능력자들입니다. 환절기 건강 조심하시고 행복한 한 주를 만들어 갑시다. (2020. 10. 12)

> **- 답장 중에서 -**
>
> 오늘 편지는 문학과 경영학 수업을 받은 듯합니다. 모든 삶의 소중함을 일깨우는 편지였습니다. 사소하지만 현장에서 사무실에서 각자의 일에 소임을 다하는 것이 직장인의 삶이라는 것을 확인했습니다. 좋은 어록 감사드립니다.
> (○○사업소 J주임)

지난주에는 생일과 선친 기일(忌日)로 휴가를 갖게 되어 월요편지가 없었습니다. 아버지가 돌아가신 지 30년의 세월이 흘렀고, 저도 제 자신을 되돌아보게 되는 시간이 자꾸 늘어납니다. 그래서 모처럼 휴가를 내어 고향을 다녀오고 지나온 시간들을 둘러보았습니다. 평범한 인생을 사셨으나 한결같은 마음을 갖고 살아오신 아버지입니다. 특정 일간신문을 돌아가실 때까지 자리에 앉으시면 보셨고, 농사일이나 리어카 끄는 일을 부끄러워하지 않으셨습니다. 하지만 그 속마음은 알 길이 없습니다. 이제야 아버지를 생각하니 자식 된 도리를 다하지 못한 회한을 느낍니다. 옛 글귀 '樹欲靜而風不止(수욕정이풍부지), 子欲養而親不待(자욕양이친부대), 나무는 가만히 있으려고 하나 바람이 가만두지 않으며 자식은 효도하고자 하나 부모는 기다려주지 않는다'가 생각나는 시간이었습니다.

작년에 시작한 '에코백 런(RUN) 캠페인'을 더욱 내실화하기 위해 '플라스틱 제로(ZERO)를 위한 기업문화 만들기' 캠페인에도 적극 동참할 계획입니다. 여러분은 하루에 어느 정도 일회용품이나 플라스틱을 사용하고 있습니까. 코로나19 장기화로 생곡 자원재활용센터에 플라스틱이 전년 대비 11% 증가했다고 합니다. 코로나19로 택배와 배달이 일상화하면서 1회용품 및 포장재가 빠르게 늘어나는 등 새로운 사회문제가 되고 있습니다. 한국농수산식품유통공사의 조사에 의하면, 우리나라 국민 1인당 연간 소비하는 1회용품은 비닐봉지 460개, 페트병 96개, 플라스틱컵 65개 등 11.5kg에 달한다고 합니다.

최근에 제가 강조하는 기업의 이에스지(ESG : 환경, 사회적 책임, 거버넌스) 실천으로 우리 공단의 위상을 정립해야 합니다. '에코백 런(RUN) 범시민환경캠페인'과 '플라스틱 제로'를 위한 전 사업장에 확산 붐을 일으켜 비닐봉투를 줄이고 1회용품 사용억제를 공단이 주도해가도록 요청드립니다. 지금 다소 불편하더라도 다음 세대에게 조그마한 도움을 주는 우리가 되길 바랍니다. 직원 여러분께서 마음으로 호응해주시고 몸으로 실천해주시길 진심으로 바랍니다. 가을은 천고마비(天高馬肥)의 계절이지만 또한 환절기라 특별히 건강에 유의해야 합니다. (2020. 10. 26)

수구초심

이번 주에 취임 2주년을 맞이합니다. 공단의 임직원 여러분께서 저를 지지해주시고 성원해주신 덕분이라 생각하고 감사의 인사를 드립니다.

밥을 먹을 때 세월은 밥그릇 안에서 지나가 버립니다. 침묵하고 있을 때는 세월은 두 눈동자 앞으로 지나가 버립니다. 세월이 바삐 감을 깨닫고 손을 뻗어 막으려 하면 세월은 어느새 손끝을 스치고 지나갑니다. 내가 침상에 누워있을 때는 내 몸 위를 넘어가 버리고, 내 발끝으로 날아가 버립니다. 얼굴을 가리고 한숨을 짓지만, 그러나 새로운 날의 그림자는 그 한숨 속을 번쩍하는 시간에 지나가 버립니다.

중국 칭화대학 교수를 지낸 시인, 주쯔칭(朱自淸)의 산문 「총총(悤悤)」에서 발췌한 글입니다. 세월의 빠름이 감각적으로 잘 표현되어 있습니다.

취임 1주년 때 그랬던 것처럼 취임할 당시의 글과 말들을 더듬어봅니다. 수구초심(首丘初心), 그 뜻과 마음을 다잡아 남은 기간에도 예전의 그 마음 그대로 최선을 다하고자 합니다. 지난주에 부산시에서 내년도 업무계획 보고회가 있었습니다. 이렇게 이른 시기에 보고회를 갖는 경우가 거의 없었는데 내년에는 일찍 사업을 추진하자는 의미에서 시작한 것으로 보입니다. 연말까지 시책과 사업을 확정하고 새해 시작과 동시에 추진하여 성과를 내려는 노력입니다. 우리도 내년 경영계획을 조기에 마련하고자 합니다. 특히 내년에는 부산시장 보궐선거도 있기 때문에 자칫 어영부영하다가는 일의 타이밍을 놓치고 성과 없는 한해가 될 수도 있습니다. 창단 20주년을 마무리하고 새로운 20년을 맞이하는 내년이 헛되지 않게 서로 격려하고 힘을 모아 봅시다.

밤새 내린 비가 가을을 촉촉이 적시고, 가을을 밀어내고 있습니다. 11월을 건강한 모습으로 맞이하고 의미 있는 한 달이 되길 바랍니다.

(2020. 11. 2)

- 답장 중에서 -

처음 공단에 이사장님으로 부임하셔서 사업소 첫 방문 하실 때 하신 말씀이 기억이 납니다. "일도 중요하시만 가족 자녀들과 추억에 남는 일들을 많이 만드세요. 아이들은 사소한 일에 참 즐거워합니다." 또 우연히 읽게 된 자녀분 일기장에 대하여 솔직히 느낀 점을 들려 주셨습니다. 그때 저는 겉으로는 강하지만 속은 정말 따뜻한 분이시구나 하는 마음을 느꼈습니다.

(○○사업소 L계장)

New message

토크 토크

지난주에 취임 2주년을 맞아 '토크 토크'도 하고 일광하수처리장 등 현장을 찾아서 직원들과 인사를 나누었습니다. 먼저 행사 진행을 맡아준 최원석, 이은경 사우에게 감사 인사를 전합니다. 공단에서 처음 시도하는 행사에 진행을 맡는 부담을 안고 사전 준비에 정성을 다해준 모습이 고스란히 나타나 보기가 좋았습니다. '동기야! 반갑다. CEO이력서 언박싱, 월요편지 베스트, CEO에게 바란다, 후반기 다짐과 바람' 등 다양한 형식으로 직원들과 소통하는 기회를 만들어주셔서 감사할 따름입니다. 월요편지에 대한 직원들의 공감이나 건의사항에서 좀 더 가까이 구체적으로 다가가야 한다는 사실도 느꼈습니다.

오후에 찾은 일광하수처리장과 하수펌프장은 많은 걸 고민하게 되었습니다. 신설 사업장임에도 불구하고 사업장 내에 악취가 많습니다. 실무자의 말로는 일광신도시의 100% 분류식 관로로 인해 생활오수만이 유입되고 있어 그렇다고 하나 이물질 제거 등의 작업을 하는 직원들에게는 여간 힘든 게 아닌 것 같습니다. 가능한 빠른 시간에 개선이 필요한 사항입니다. 또한 하수펌프장의 경우도 흡착물 제거 등을 위해 직원들이 직접 현장에서 작업하는 경우 악취에 장시간 노출되는 경우가 허다합니다. 작업자의 작업환경 개선에도 간부들이 관심을 갖고 하나씩 하나씩 개선하는 노력을 다해 나갑시다.

  이번에 월요편지 이야기를 한다기에 그동안의 답장을 다시 한 번 살펴보게 되었습니다. 직원 여러분들의 따뜻한 마음과 공단에 대한 사랑을 확인할 수 있었습니다. 답장을 보내주신 분들께 고맙다는 인사를 드립니다. (2020. 11. 9)

- 답장 중에서 -

3년차 ○○○입니다. 지난주에 가졌던 행사진행과 관련해서 월요편지에 이사장님께서 저의 이름을 직접 언급해 주신 덕분인지 다른 사업소에 근무하고 있는 직원들로부터 '고생 많았다, 인상깊었다'는 내용의 많은 격려의 메시지를 보내주었습니다. 처음에는 맡은 업무로 시작한 일이었지만 과분한 칭찬을 받아서인지 더 많은 동기부여가 되는 것 같습니다. 취임 2주년 기념행사를 경험으로 기본과 특기를 겸비한 공단의 '기특한 인재'가 되도록 더욱 노력하겠습니다. (본사 C주임)

> **New message**
>
> # 카우보이 히어로
> # (COWBOY HERO)

새롭게 한 주가 시작됩니다. 여러분은 이번 주를 어떻게 보내실 건가요?

저는 올 한해를 되돌아보는 시간으로 보낼 생각입니다. 그래서 특별한 일정은 없습니다. 물론 시의회 행정사무감사 준비는 착실히 해야겠지요. 우리 공단이 추진한 1년간의 일들을 살펴보고 잘된 점, 미흡한 점을 찾아보면서 내년에는 보다 더 나은 방향으로 추진할 동력으로 삼고자 합니다.

우리가 잘 아는 서울대 김난도 교수는 2021년의 10대 트렌드를 키워드 10개의 머리글자를 한 단어로 엮어 '카우보이 히어로(COWBOY HERO)'로 정리했습니다. 소의 해인 2021년 트렌드 '카우보이 히어로'는 코로나 팬데믹을 헤쳐가자는 희망을 담고 있습니다. 우리도 그냥 트렌드라는 용어에 머물지 않고 찬찬히 살펴보면 생활의 방식이 달라지고 생각들이 바

뛰고 있다는 사실을 느끼게 됩니다. 경영에도 이것들을 잘 녹아내어야 합니다.

제시한 10개 트렌드 키워드(key words)는 △브이노믹스 △레이어드 홈 △자본주의 키즈 △거침없이 피보팅 △롤코라이프 △오늘 하루 운동 △N차 신상 △CX 유니버스 △레이블링 게임 △휴먼터치 등으로 10개 키워드 영문 첫 글자의 내용을 담고 있습니다. 구체적인 실례를 살펴보면 'Coming of V-nomics(브이노믹스)'는 바이러스(virus)가 바꿔 놓은, 바꿔 놓을 경제를 뜻합니다. 즉, 업종마다 경기 회복 양상이 달라 코로나19 초기에 함께 하강했던 분야들이 상승과 하강으로 갈릴 것으로, 비대면(非對面)으로 대체할 수 없는 산업은 V형으로 회복하고 언택트(untact) 트렌드도 대면과 비대면 혼합의 황금 비율을 찾아갈 것이라는 분석 사례를 제시하고 있습니다.

이번 주에 겨울을 재촉하는 가을비가 온다 하니 따뜻한 커피 한잔으로 몸과 마음을 달래시길 바랍니다. (2020. 11. 16)

저성과자는 없다

11월의 마지막 날이자 12월의 첫 주가 시작하는 날입니다. 먼저 노동조합 제8대 김현석 위원장과 노광문 수석부위원장의 당선을 진심으로 축하드리며 직원의 복지증진과 공단 발전을 위해 함께 하시기를 바랍니다.

늦가을 단풍잎 곱게 물든 11월이 우리 곁을 떠날 채비를 합니다. 한 잎 한 잎 낙엽과 이별하며 겨울 채비하는 나무처럼 11월을 아쉬워하고 12월을 맞이할 준비를 합니다. 우리도 한해를 보내고 새해를 맞이하는 준비를 합시다.

지방공기업 경영평가 우수사례 발표, 공단 조직 및 인력 적정성 검토, 중장기 경영전략 추진상황 점검, 예산집행 추진실적 점검, 각종 업무 추진실적 평가 및 시상 등 올 한해의 경영성과를 정리하는 시간입니다. 또한 내년도 경영계획 수립을 위한 절차들이 있는 12월입니다. 공단이 조직의 성과를 분석하고 내년 계획을 세울 때 임직원 여러분께서도 본인의 한해를 되돌아보면서 새해를 설계하시기를 권합니다.

저성과자는 없습니다. 단지, 아직 자신에게 맞는 업무를 찾지 못했을 뿐입니다. 리더로서 구성원에게 맞는 업무를 찾아주는 것이 제 역할입니다. 고과 점수가 나빠서 부서를 계속 옮겨야 하고 제대로 된 업무도 부여받지 못하고 아무도 관심을 가져주지 않는 구성원을 흔히들 저성과자라고 합니다. 우리는 이런 저성과자를 어떻게 조직의 구성원으로 적응할 수 있도록 할 수 있을까요? 무엇보다도 필요한 것은 본인에게 맞는 업무를 맡겨주는 것입니다. 그 다음으로 관심과 시간을 갖고 코칭을 하는 것입니다. 특히 간부들은 직원들이 잘 성장할 수 있도록 지도와 지원하는 일을 게을리해서는 안 됩니다. 부하 직원의 능력을 탓하기 전에 부하에게 얼마의 열정을 쏟았는지를 먼저 점검하시길 바랍니다.

혹자는 "설레지 않으면 버려라"라고 하지만, 설레지 않으면 설레게 만들 수 있지 않을까요. 조금의 노력과 정성으로 직원이 성장하고 발전한다면 전혀 색다른 설렘을 만들 것입니다. 보람도 있을 것입니다. 근무평정이 이루어지는 시점에 직원들의 사정들을 들으면서 간부들의 역할을 다시 한 번 더 강조하지 않을 수 없습니다. 공단의 간부들은 소속 직원들을 위해 어떤 구체적인 활동을 하는지 묻지 않을 수 없습니다.

코로나 확산으로 사회적 거리두기가 2단계로 격상되었습니다. 수능을 치르는 자녀를 둔 학부모님들께서는 좋은 결실을 맺길 바랍니다.

(2020. 11. 30)

MZ 세대

    코로나19가 심각하게 빠르게 확산하고 있습니다. 수능을 치른 부모는 대학입시를 걱정해야 하고, 학생을 둔 부모는 등교를 걱정해야 합니다. 아울러 우리가 근무하는 직장에서도 코로나19 확산을 막아 시설을 정상 가동하는 것이 더욱 중요한 시점입니다.

    지난 생곡사업소에서 코로나19 확진자가 4명 나왔습니다. 생곡사업소 18명을 포함 총 28명이 자가 격리에 들어갔습니다. 사업장 방역, 공용시설의 사용중지, 방역수칙 준수 등 공단이 특별한 노력을 다하고 있습니다. 손 씻기와 소독, 마스크 착용, 각종 모임 자제 등 개인 스스로가 판단하여 행동하는 것이 필요합니다. 어려운 이 시기를 함께 슬기롭게 이겨나갑시다. 또 직원들의 자가 격리로 인한 업무의 어려움을 서로 나누고 도우면서 환경기초시설 운영의 책임기관으로서의 역할도 다해 나갑시다.

지난 편지에 이어서 오늘도 밀레니얼 세대의 특성과 코칭에 대해 말씀드리고자 합니다. 이미 선진국이 된 시점에 태어나 IMF와 취업난을 겪고 자라온 그들의 특성을 이해하고 배려와 코칭을 아끼지 말아야 합니다.

먼저 그들은 경제적 보상보다는 조직의 비전, 미션, 자율성, 성장 가능성을 중시하고 있습니다. 상사가 암울한 전망을 말하면 그들은 절망합니다. 우리 공단이 부산의 타 공기업보다 확장가능성, 미래지향성이 크다고 생각하는데 여러분은 어떻게 생각하십니까. 둘째, 학교를 마치자마자 학원에 다니던 그들은 자유에 대한 갈망이 있습니다. 인사평정 등 먼 훗날의 보상보다 당장 지금의 작은 보상, 상사가 고생을 알아주고 보내주는 5000원짜리 모바일 커피쿠폰에 감동합니다. 오늘 따뜻한 커피 한 잔과 함께 "비상근무 하느라고 고생했네"라고 말 한마디를 건네 봅시다. 셋째, 모든 가족이 그들의 입신양명을 응원했을 만큼 그들은 언제나 가족의 중심에 있었습니다. 상사는 그들이 하는 일이 조직 전체에, 그리고 자신의 성장과 커리어를 이루는 데 직·간접적 영향이 있음을 가르쳐주어야 합니다. 그들은 자신이 하는 일이 의미가 없다고 생각하는 순간 일을 대충대충 하거나 또는 일로부터 떠나려고 합니다. 넷째, 그들은 개인의 성장과 경쟁력 확보를 위해서 모든 인생을 바쳤다고 해도 과언이 아닙니다. 학원을 학교만큼 다니던 세대이기에 배움에 익숙하고 부담감이 없습니다. 그들이 계속 성장한다는 느낌을 받게끔 교육기회를 제공해야 합니다. 다섯째, 그들은 늘 소통을 갈망합니다. 그들이 상사에게 목말라 하는 것 1, 2위는 인정, 칭찬, 격려와 더불어 소통이라고 합니다. 상사나 조직 구성원이 브레이크아웃 통화, 사교시간, 장기자랑, 커피 채팅, 주스 박스 채팅, 타 팀과의 통화 등 다양한 채널을 통해 소통하기를 바랍니다.

결론적으로 밀레니얼 세대는 가족 같은 회사를 원하고 있을지 모릅니다. 다만 그 가족은 위계가 강하고 아버지가 전권을 가진 가족이 아니라, 모든 가족구성원이 서로 존중하고 사랑하고 서로에게 어려운 일을 털어놓을 수 있는 그런 가족일 것입니다. 상사, 동료 선배 여러분의 분발을 촉구합니다. (2020. 12. 7)

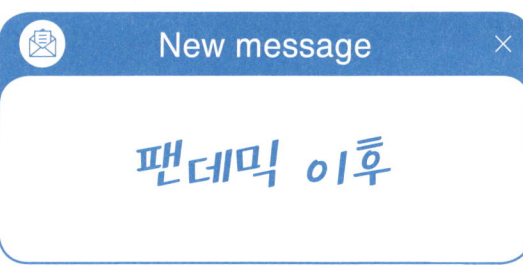

오늘이 1년 중 밤이 가장 길다는 동지(冬至)입니다. 맛있는 팥죽 드시고 잡귀, 질병 물리치고 건강한 새해 맞이하시길 바랍니다.

우리는 지난 1년을 코로나19로 엄청난 변화의 소용돌이 속에서 보냈습니다. 유연근무, 비대면 화상회의, 대면 행사의 취소, 마스크와 열 측정의 일상화 등 기존에 생각 속에만 있던 것들이 현실에서 갑자기 시행되었습니다.

블룸버그 선정 세계 1위 미래학자 제이슨 솅커는 저서 『코로나 이후의 세계』에서 코로나19 팬데믹에 따른 장기적 영향 및 미래변화에 대한 저자의 견해를 밝히고 있습니다. 인터넷에서 서평(書評)의 일부를 가져와 소개합니다.

코로나19 팬데믹은 세계 전반에 있어서 여러 충격을 주었다. 경제는 침체기를 마주하게 되었고 산업, 금융, 의료, 직장 등의 분야에서도 큰 변화가 일어나게 되었다. 우리의 일상도 물론 크게 바뀌었다. 이러한 상황 속에서 저자는 코로나19 이후 다가올 미래에 대한 견해를 제시한다. 취업시장, 교육, 공급망 등의 열다섯 가지가 넘는 핵심 분야와 산업에 가져올 잠재적이고 장기적인 중요한 변화와 과제 그리고 기회가 무엇일지 전하고 있다. 우선 일자리 부분에서 그는 재택근무가 가능한 지식 노동자가 직업 종말의 시기에 살아남을 수 있는 강력한 직종이 될 것이라는 견해를 전했다. 노동자를 크게 세 가지, 필수 노동자, 지식 노동자, 그 외 노동자로 나눌 수 있다. 코로나로 인해 언택트, 재택근무의 수요가 급증하고 대면, 사무실과 같은 공간의 수요가 감소하게 되었고 이 추세는 계속해서 이어질 전망으로 보인다. 비대면, 원격 근무가 많은 원가 절감과 효율을 이끌어낼 수 있기 때문이다. AI와 로봇의 발전으로 인한 자동화도 취업 시장에 영향을 주고 있다. 이러한 추세라면 의료, 농업, 유통망 등의 분야에서 종사하는 필수 노동자이거나 원격 근무가 가능한 지식 노동자의 직종이 선망 직업으로 떠오르게 될 것이다. 반면, 식당, 영화관 등의 대면 서비스 산업 종사자들은 필수적이지 않은 직업군으로 분류되는데 전망이 좋지 않다. 얼어붙은 고용시장이 현재 이 견해를 뒷받침해주고 있다. 두 번째로 교육은 언택트 시스템이 도입되면서 이는 다른 분야에 까지 영향을 줄 수 있게 된다. 교육은 애초에 진입장벽이 있다. 비용, 지리적 위치 등 여러 가지 요소들로 인해 교육 인플레이션은 이미 과열 상태였다. 그러나 언택트 교육은 기존의 교육 패러다임을 완전히 바꾸게 된다. 이제 명문대 수업을 듣기 위해 해당 도시로 이사를 갈 필요가 없게 되고, 비용절감 효과가 발생하게 되는 것이다. 부동산에까지 영향을 줄 수 있다는 의미이다. 이는 교육의 트렌드가 바뀔 수 있게 되고 많은 사람들이 교육 분야에 접근할 수 있는 기회가 생기게 된다. 마지막으로는 경제 분야이다. 금융, 부동산, 재정, 통화 부분까지 너무나 다양하지만 금융과 부동산 투자에 대해서 짚어보자면 현재 한국을 비롯해 전 세계가 투자 과열 현상이 일어나고 있다. 증시가 최고가를 기록하고 많은 개인들도 투자에 참여하고 있다. 꼭 나쁜 것이라 할 수 없으나 우리는 역사를 잊어서는 안 된다. 2008년 금융위기 때 아픔을 통해 배운 점을 기억해야 하고 현재의 흐름을 외면하지 말아야 한다. 계속된 투자 속에서도 기업과 국가들의 부채는 계속해서 증가하고 있음을 주목해야 한다. 투자를 할 때, 정책을 시행할 때 재정 건전성을 고려하는 것은 필수이다. 또한 부동산 부분에 있어서도 코로나19로 인한 언택트, 재택근무, 관광 산업의 변화 등에 영향을 받아 변동이 생길 수 있다.

지금까지의 견해들을 종합해보면서 제가 느끼는 가장 중요한 것은 사회 흐름에 맞춰 자신의 커리어를 준비해야 한다는 것입니다. 지금 나름대로 잘 되고 있으니까, 내가 산 주식이 나름 올랐으니까 등의 생각은 결국 불확실한 미래에 자신을 도태시킬 수 있습니다. 미래에 제2의, 제3의 코로나 팬데믹이 발생할 수 있으므로 본인 또한 현재의 전반적인 흐름을 잘 파악하고 꾸준히 자신의 커리어 패스를 설계해야 함을 깨달아야 합니다. 일자리, 교육, 경제 등 사회 대전환의 시기에 조직이나 개인이 잘 대응해 나가야 합니다. 그 새로운 출발점이 '미래 20년'을 시작하는 바로 금년, 2021년이라고 생각합니다. (2020. 12. 21)

제3장

성과 & 공공성

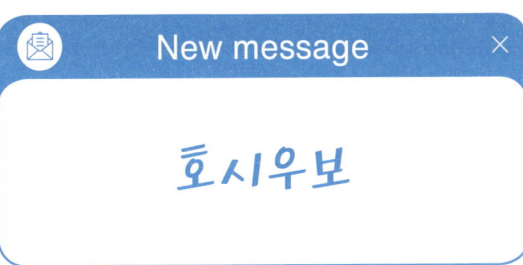

　임직원 여러분, 소띠 해를 맞아 항상 건강하시고 건승하시길 바랍니다. 저는 올해 개인적으로는 '호시우보(虎視牛步), 호랑이같이 무섭게 사물을 보고 소처럼 신중하게 행동한다'를 기본으로 하고, 공단의 경영목표는 신년사에서 밝혔듯이 '시민과 함께, 미래를 여는 고품질 환경서비스 실현'에 주안점을 두고 경영해나갈 계획입니다. 그리고 가족에게 선언한 한해 목표는 첫째, 언제나 신체적 건강을 게을리하지 말자, 입니다. 몸은 자신의 생활 상태와 기록이니 균형 있고 바른 자세가 유지되도록 하려고 합니다. 둘째, 언제나 정직한 삶을 살아가자, 입니다. 거짓된 태도는 잠시 나와 타인을 속일 수 있으나 영원히 속일 수 없습니다. 정직이 최선의 삶의 방식이 되도록 지켜나갈 것입니다. 셋째, 연말 퇴직 이후 인생 후반기 준비입니다. 그리고 아내, 딸, 아들에게도 당부의 말을 전했습니다.

　임직원 여러분, 새해도 꿈과 희망이 넘치기를 바라며 함께 소망하는 일

들이 모두 이루어지는 한해가 되기를 당부 드립니다. (2021. 1. 4)

- 답장 중에서 -

시간이 쏜살같습니다. 첫 번째 월요편지가 엊그제 같은데 벌써 80번째가 되었습니다. 이제는 편지가 오지 않거나 늦게 도착하면 살짝 걱정이 되기도 합니다. 공단 현안에 대한 방향타를 알려주시고 삶에서 우러나오는 좋은 말씀까지 정독하며 읽고 있습니다. 저에겐 회사생활은 날마다 도전이고 자기 검증의 시간이었습니다. 조직 생활에서 부족하고 어눌한 저에게 항상 격려 해 주시고 지지해 주신 덕분에 재미나게 생활을 할 수 있었습니다. 이사장님이 저에게 주신 경청, 유연함, 온기, 현안 인식까지 배운 그대로 여기 사업소 현장에서 실천해 볼까합니다.

(○○사업단 J단장)

사람과 기술

　신년을 영도사업소 개소식으로 시작한 이후 새해의 출발을 시작하는 한 주입니다. 첫 주간업무계획 회의가 있었습니다. 작년에 시작한 비대면회의가 어느 정도 정착이 되어 올해에는 본부 회의와 사업단(소) 회의를 분리하여 시행하고자 합니다. 본부는 매주 회의를 통해 추진상황을 점검함과 동시에 그 실행을 즉시에 행하여 조직이 역동적으로 움직이도록 할 것이며, 사업단(소)와는 격주로 보고서 없는 간담회 형식으로 비대면 회의를 하면서, 상호간의 정보를 교류하고 본부와 소통하는 창구가 되게 하겠습니다. 이를 통해 현장 직원들의 보고서 작성 부담을 다소나마 해소하고자 합니다. 회의가 축소되고 간소화되더라도 우리가 잊지 말아야 하는 것은 '보고는 정확히, 적기에'에 이루어져야 합니다. 특히 시민이나 우리의 목적사업과 관련된 주민, 이해당사자가 있는 경우에는 크고 작은 것을 떠나서 적어도 상급자 및 차상급자에게 보고하는 체계를 만들어야 합니다. 담당자가 작은 일이라고 생각한 일이 실제는 매우 큰 일, 중요한 일인 경우가 제법 많습니다.

우리 공단은 금년에 「시민과 함께, 미래를 여는 고품질 환경서비스 실현」을 경영목표로 정했습니다. 이를 위해 'TMS와 ESG'를 강조했고 여기에 부합되는 경영전략을 수립했습니다. 연초에 각종 매체나 경영 잡지를 보면 코로나19 이후의 세계가 어떻게 변화할 것인지, 경제와 경영 또는 생활에 어떤 영향을 미칠 것인지를 주로 논하고 있습니다.

한국능률협회컨설팅 한수희 대표는 포스트코로나 시대의 3대 핵심 어젠다로 '기업이 가져야 할 업(業)과 사회에 대한 가치 재정립, 위기에 대한 빠른 적응력, 일하는 방식과 적합한 인재에 대한 기준 재정립'을 제시하고 있습니다. 한국경제산업연구원 김광석 실장은 "2021년 세계 경제는 경제위기로부터 서서히 회복을 시작하는 '이탈점(Point of Exit)'이 될 것"이라고 하면서 6가지 경제 트렌드로 바이드 노믹스 등장, 글로벌 밸류체인의 변화 가속화, 디지털 트랜스포메이션 확대, 언택트 뉴노멀 보편화, 완화의 시대 장기화, 부채경제를 제시했습니다.

오늘 이러한 이야기를 끄집어내는 것은 우리 직원들이 세상의 변화에 조금은 더 민감하게 반응해 달라는 것을 강조하기 위함입니다. 저는 세상의 변화에 제대로 대응하지 못하면 생존할 수 없다는 것을 몸으로 느낍니다. 최근의 부산경제의 상황이나 시장선거에서 보듯이, 부산사람이 앞으로 나오지 못하고 뒤로 물러나고 서울사람들이 그 자리를 차지하게 됩니다.

'사람과 기술'이 넘쳐나는 부산환경공단을 꿈꿉니다. 젊은 직원들이 인생을 걸고 희망을 실현하는 공단으로 만들어 봅시다. (2021. 1. 11)

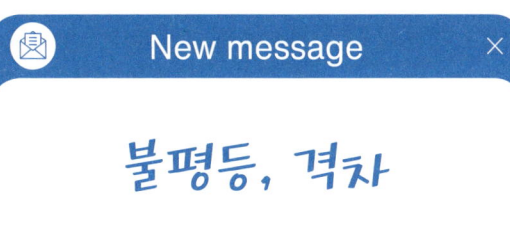

불평등, 격차

지난주 금요일 남부사업소 직원 중에 코로나19 확진자가 발생하여 사업소 전 직원이 검사를 받았습니다. 검사결과에 의하면 추가 확진자는 없습니다. 공단 내에서의 코로나19 관리와 대처는 잘 되고 있는 것으로 보이나 가족 및 지인과의 접촉에 의해 직원들의 감염이 발생하고 공단 내로 전파되고 있습니다. 공단 밖의 가정이나 사회생활에 있어 외부인의 접촉에 특별히 유의해 감염되는 사례가 발생하지 않도록 여러분 스스로가 잘 대처해 주시기 바랍니다.

올해 저의 관심사 중의 하나는 코로나19 이후의 변화와 대응에 관한 것입니다. 그래서 관련 서적과 잡지, 유튜브 등을 유심히 보고 있습니다. 흔히들 불평등(不平等) 혹은 격차(隔差)를 말하기도 하고, 무용계급(無用階級)을 말하기도 합니다. 또는 개인의 대응으로 건강(健康)관리, 자산(資産)관리, 자기(自己)관리를 말합니다.

'불평등(不平等), 격차(隔差)'는 경제가 글로벌화하고 빛의 속도로 변화함에 따라 부의 불평등(격차), 정보의 불평등(격차), 지역의 불평등(격차), 계층 간 불평등(격차) 등이 지속적으로 확대된다는 것입니다. 그래서 기본소득 개념이 등장하고, 균형발전, 복지제도의 재설계 등이 나타났습니다. 경제변화가 완만하고 느리게 이루어질 때는 앞서가는 사람이나 따라가는 사람이나 그 영향력으로 살아가는 사람이나 그 나름의 역할이 있고 일자리도 있어 생존의 어려움이 없었습니다. 그러나 코로나 이후의 경제변화에서는 앞서가거나 바로 뒤따르지 않으면 할 일이 없는 무용(無用)한 사람이 된다는 것입니다. 즉 미래에는 변화에 뒤처지는 사람은 무용계급(無用階級)이 된다는 것입니다.

앞으로 개인은 직장이나 직업에서 삶의 문제를 해결할 수 없으므로 스스로 건강을 관리하고, 자산을 관리해야 하며, 특히 자기 자신을 지속적으로 발전시켜 무용(無用)하지 않은, 필요한 사람으로 관리해야 한다는 것입니다. 개인은 지속적으로 자신의 가치를 높이고, 존재를 인정받도록 해야 생존할 수 있다고 말합니다.

20여 년 전에 처음 스마트폰이 나왔을 때 전화 통화만 가능한 폴더폰으로 충분하다고 했던 사람들이 있었으나 지금은 스마트폰을 사용하지 않는 분이 거의 없습니다. 지금까지 변화는 이렇게 왔으나 미래의 변화는 혹 와서 혹 가고 또 새롭게 혹 온다고 합니다. 이런 변화에 적응하는 것이 지금 지구촌에서 살아가는 우리들의 운명인가 봅니다. (2021. 1. 18)

새해 가족 소망

미래 20년을 여는 2021년 첫 한 달의 마지막 주가 되었습니다. 아침에 참석한 부산시 확대간부회의에서 부산시의 코로나19 대응상황 보고가 있었고, 내일 부로 변성완 시장권한대행이 공직을 마무리하고 사퇴한다는 말씀도 있었습니다. 아마 이번 주에 임직원 여러분들은 전년도 실적보고 및 금년도 업무별 추진계획 수립으로 바쁜 시간을 보낼 것입니다. 특히 2차 연도에 접어든 몰입과제, 뉴턴(New Turn) 혁신과제 발굴에 부서와 개인의 역량을 집중해주실 거라 믿습니다.

 직원 여러분은 새해에 어떤 결심과 희망을 꿈꾸셨나요. 한 달이 지나는 시점이 되니 다시금 생각납니다. 저는 가족들에게 새해에 하고픈 당부를 적어 카톡으로 공유를 했습니다. 공유한 내용을 소개합니다.

(1) 언제나 신체적 건강을 게을리 하지 말자. 몸은 자신의 생활 상태와 기록이니 균형 있고 바른 자세가 유지되도록 해야 한다. 특히 코로나19에 걸리지 않도록 조심해야 한다. (2) 언제나 정직한 삶을 살아가자. 잠시 나와 타인을 속일 수 있으나 영원히 속일 수 없다. 정직이 최선의 삶의 방식이다. 대도무문(大道無門)이다. (3) 아들은 올해에 인생진로의 방향을 찾자. 대학 3학년은 중요한 시기이다. 하고자 하는 일에 최선을 다하고, 원하는 공부도 어느 정도의 수준을 이루기 바란다. (4) 딸은 전문가로서의 위상에 걸맞게 노력하고, 10년의 계획을 세워 몸과 마음을 다지자. 언제나 자신의 의지로 잘 살아가는 너는 몸을 아끼고 가꾸어야 한다. (5) 아빠는 연말 퇴직을 생각하면서 인생 후반기를 준비할 것이다. 건강도 챙기고, 챙겨야 할 것들도 마련해야 한다. (6) 아내는 본인의 건강을 잘 챙기고 관리했으면 한다. 적어도 20년은 더 함께 살기로 했으니 아프지 않아야 행복한 시간을 만들 수 있으니까. (7) 우리는 한 가족이고 일가(一家)이다. 각자 한 해 동안 열심히 살아 연말에 좋은 소식들이 많이 쌓이기를 바란다. 모두 사랑해!

이런 것을 공유하는 것이 좀 쑥스럽기도 하지만 공기업의 CEO이기 이전에 한 인간으로 살아가는 모습을 보여 드리고자 합니다. 즐겁고 활기찬 한 주 되세요. (2021. 1. 25)

셀러브러티 (Celebrity)

'벌써'라는 말이 2월처럼 잘 어울리는 달은 아마 없을 것입니다. 새해맞이가 엊그제 같은데 벌써 2월, 뜰의 홍매화와 함께 이렇게 왔습니다.

오늘 아침 지난주에 이어 부산시 확대간부회의가 있었습니다. 새로 부임한 이병진 권한대행이 주재하는 첫 회의였습니다. 앞으로 있을 지방선거에서 공무원 및 산하기관 직원들의 엄정한 중립을 강조하셨고, 코로나19 방역대책 및 설 명절 비상대책에도 소홀함이 없기를 당부하셨습니다. 우리도 설 명절에 대비하여 하수 관리나 생활쓰레기 소각 및 매립에 있어 시민들의 불편함이 없도록 최선을 다해야 할 것입니다. 특히 사회적 거리두기 3단계가 계속 유지됨으로써 설 명절에 이에 대한 소홀함이 없어야 할 것입니다. 직원 여러분의 협조를 특별히 당부드립니다.

최근 가수 아이유가 신곡 〈Celebrity〉를 발표했습니다. '당신은 별난 사람 아닌 별 같은 사람'이라고 세상의 아웃사이더들에게 위로의 말을 전하는 노래라고 합니다. 노랫말의 일부를 옮겨 봅니다.

> 세상의 모서리 구부정하게 커버린 골칫거리 outsider 걸음걸이, 옷차림, 이어폰 너머 play list 음악까지 다 minor······
> (중략)······
> 잊지 마 넌 흐린 어둠 사이 왼손으로 그린 별 하나 보이니 그 유일함이 얼마나 아름다운지 말야. You are my celebrity.

여러분은 어떤 사람인가요. 지난 시간을 거슬러가보면 여러 종류의 사람을 만났습니다. 정석에 가까운 사람, 바른 생활 사람, 톡톡 튀는 사람, 어디로 튈지를 모르는 사람, 종잡을 수 없는 사람 등. 가령 아침에 머리에 무스를 바르지 않으면 출근하기 싫다고 말하는 직원도 있었습니다. 그러나 그 누구든 소중한 사람입니다. 그는 그 자체로 누군가의 귀중한 사람입니다. 종종 사회가, 직장이 그 귀중함을 외면합니다.

우리 공단이 개인의 소중함을 귀하게 여기는 공동체 문화를 만들어갔으면 합니다. 걸음걸이, 옷차림이 다르다 해도 직장의 아웃사이더가 아니라 우리의 동료라는 인식이 확산하면 좋겠습니다. 틈을 내 노래 한 곡 들으면서 한 주를 시작하길 바랍니다. (2021. 2. 1)

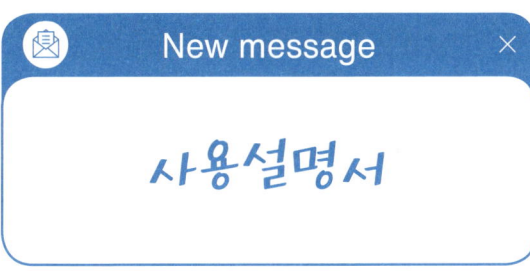

신축(辛丑)년 설 명절이 지나갔습니다. 먼저 코로나19 사회적 거리두기로 인하여 가족 간의 모임조차도 5인 이상이 금지되어 부모님이나 친지를 찾아 세배를 드리는 게 힘들었습니다. 핸드폰을 이용하여 영상으로 차례를 지내고 서로 간에 덕담을 나눈다는 말도 있습니다. 이러한 일이 또 있을까 의문을 갖지만 그렇다고 다시 오지 않는다는 보장도 없습니다. 이제는 일상 속에서 가족 간의 관계를 돈독히 해야 하는 시대로 가는 것 같습니다.

이웃 일본에서는 후쿠시마 근처 심해에서 진도 7.3의 지진이 있었습니다. 2011년 쓰나미를 동반했던 지진보다는 발생지가 육지에서 멀어 상대적인 피해는 적었으나 부상자가 100명이 넘는 등 지진의 피해는 심각합니다. 정부가 이번 지진에는 쓰나미를 동반하지 않는다고 하였으나 시민들은 고지대로 많이 대피했다는 보도도 있습니다. 작년에 연기된 올해의 동경올림픽이 코로나19의 확산과 지진의 영향으로 정상적으로 개최될 수 있을지 의문입니다. 우리 시대에 올림픽이 열리지 못하는 상황을 경험할지도 모르겠네요. 자연이 우리에게 자연의 소중함과 경각심을 드러내고 있는 것 같습니다.

또 학폭 문제가 큰 사회적 이슈가 되었습니다. 한 방송국 인기프로그램인 미스트롯2 참여자 중 한 가수가 학창시절의 학교폭력 문제로 하차하였고 설 연휴 중에는 프로배구의 유명 선수들도 학창시절에 학교폭력을 행사한 내용들이 인터넷에 올라와 프로배구 전체에 큰 영향을 끼치고 있습니다. 과거의 잘못된 행동들이 10년, 20년이 지나서도 법의 문제를 떠나 상식과 공정의 문제로 심판되는 시대입니다. 오늘 내가 한 행동들이, 또는 우리의 자식들이 한 행동들도 언젠가는 다시 되돌아온다는 것입니다.

4일 간의 긴 연휴였지만 거의 모든 시간을 집에서 보내면서 사회가 변하고 생활의 양식도 달라졌다는 걸 몸으로 느낍니다. 가족이 먹고 싶다는 생선회는 포장해 오고, 나들이는 밤늦게 딸과 함께 미포 철길을 걷거나 기장 바닷가를 따라 드라이브를 하는 게 전부입니다. TV속의 영화를 보거나 각자의 자리에서 핸드폰 속으로 빠져 시간을 보냅니다. 또는 전화로 서로의 안부를 묻습니다.

내가 알건 모르건 시간을 사용하는 방법이 달라지고 있습니다. 오늘의 나의 행동이 전 생애에 걸쳐 영향을 미치는 세상입니다.

어젠 봄을 재촉하는 비가 왔습니다. 우리의 일상도 봄을 맞을 준비를 합니다. 풍성한 가을 수확을 위해 씨앗을 뿌릴 계획을 세워봅시다.

(2021. 2. 15)

플라스틱 제로화

  2월의 마지막 주입니다. 오늘 주간업무계획을 보니 업무준비를 마무리하였고 실행에 박차를 가할 수 있게 되었습니다. 직원 여러분들의 연간계획도 잘 추진되어 소정의 성과를 거두는 한해가 되기를 바랍니다.

  오늘은 최근의 환경실천운동에 대해 말하고자 합니다. 공단은 임직원 여러분의 자발적인 참여로 '탈(脫)고고 챌린지' 운동을 적극적으로 추진하고 있습니다. 참여자가 기부하는 2000원은 모아서 공단의 환경실천운동에 보태고자 합니다. 이 운동은 환경부가 코로나19로 인해 증가하는 1회용품이나 플라스틱을 줄이자는 취지로 추진하는 범국민적 운동입니다. 공단은 이에 앞서 지난해 10월에 환경운동연합 및 사회적기업 '에코언니야'와 양해각서(MOU)를 맺고「플라스틱 제로(ZERO)를 위한 기업문화 만들기」에 동참하기로 했습니다. 그에 따라 공단은 2개 분야 13개 실천과제를 발굴하여 추진해오고 있습니다. 내부적으로는 우수사업장 경진대회를 개최하여 실천을 독려할 것이며, 시민들의 자발적 참여를 유도하기 위해 시민들의 우수사례를 발굴하여 확산하고자 합니다.

우리 공단은 2019년 11월에 「에코백 런(RUN) 범시민 환경캠페인」 발대식을 하고 시민단체와 에코백 생활화를 위한 환경운동을 추진해왔습니다. 그동안 에코백 제작 및 보급, 에코백 슬로건 공모, 에코백 창작품 공모 및 전시회 등 다양한 행사를 통해 에코백 들기 운동을 했습니다. 마트나 시장을 가면 에코백이나 장바구니를 든 시민들을 쉽게 만나게 됩니다.

최근에 빌 게이츠는 『기후재앙을 피하는 법』이라는 책을 발간했습니다. 그는 "기후변화를 인류의 큰 위기로 규정하고 온실가스 배출제로 달성이 그 해법이다"라고 했습니다. 온실가스를 줄이기 위해서는 전기를 아끼고, 물의 사용을 줄이고, 비닐 대신에 에코백을 들고, 1회용 컵보다는 머그컵을 사용하는 등 시민 한 사람 한 사람의 환경실천운동이 정착되어야 합니다.

오늘 내가 적은 비용으로 환경을 소비할 때 우리의 후대는 감당하기 어려운 큰 비용을 지불해야 할지도 모릅니다. 코로나19로 시작된 환경실천운동에 임직원 모두가 동참해주기 바랍니다. 우리 공단이 그 선두에 서길 기대합니다. (2021. 2. 22)

롤러코스터

3월의 첫 주는 3·1절이라 이번 주에 인사를 드립니다. 이번 주에는 하천관리업무의 위탁, 뉴턴(New Turn) 기술혁신 기술검토, 본부 청사 리모델링, 민원처리 만족도 조사, 약품관리 성과평가 등 주요 사업들을 추진해나갈 계획입니다. 지금 부산시가 추진하는 하천관리업무의 위탁과 통합에너지센터의 설립, 동부 및 동부산 하수처리장의 대행 이슈는 우리 공단에게 위기이자 기회입니다. 나름의 논리를 개발하고, 대응전략을 마련해서 효과적으로 대처해나가야 합니다.

오늘 경영지원처에서 소통·배려문화 정착을 위한 조직문화 개선안을 마련한다는 보고가 있었습니다. 행복일터추진단의 의견과 직장 내 괴롭힘 조사결과를 반영할 것입니다. 직원들도 개인의견이 있으면 적극적으로 제시해주시길 바랍니다.

케츠 드 브리스 경영학 교수는 저서 『리더십 롤러코스터』에서 전 세계의 리더들을 코칭하고 컨설팅한 결과 정글과 같은 조직에서 고위직에 오른 사람들 간에 공통된 탁월성이 있다고 말했습니다. 탁월한 리더들은 서로 상반되는 것을 조화롭게 만드는 능력을 가졌다고 합니다. 그들은 적절한 통제와 자율권 확대를 통해 조직원들에게 안정감과 존중받는 느낌을 동시에 갖게 하며 거시적이고 미시적인 사고를 동시에 할 줄 안다고 합니다.

공단 조직은 성과를 내는 조직입니다. 우리는 이를 위해 OKR 도입, BSC 시행, 몰입 및 혁신과제 추진 등의 다각적인 노력을 기울입니다. 간부는 업무를 세세하게 챙기면서도 근무하고 싶은 직장분위기를 만들어야 합니다. 그렇다고 '마음씨 좋은 선배'가 되라는 것이 아닙니다.

지난 편지에서도 말했듯이, 돌봄을 많이 받은 밀레니얼 세대가 계속 느는 우리 공단에서도 과업지향적 리더십 행동들이 그들에게 효과적으로 작용하지 않습니다. '내 딴에는', '내 의도는 그게 아니었는데'는 소용이 없습니다. 나의 의도와 노력과는 상관없이 내가 한 행동을 상대가 어떻게 느꼈는지가 중요합니다. 공단의 간부에게는 결과를 내는 과업 지향적 마인드와 그것을 가능하게 하는 관계 지향적 행동이 동시에 필요합니다. 관계 지향적 행동은 직원들이 의지를 잃지 않고 최선을 다할 수 있도록 마음을 다독여주고 용기를 북돋아주는 것입니다. 이러한 친절한 말과 행동을 누군가는 '전략적 친절'이라고 합니다. 그렇게 되면 공단의 조직문화가 달라지고 간부평가도 좋아지고 업무의 성과도 높아질 것입니다.

글로벌 환경공기업으로 거듭나기 위해 탁월한 리더들이 많이 나오기를 기대합니다. (2021. 3. 8)

- 답장 중에서 -

매화가 활짝입니다. 리더십에 다시 한 번 고민하는 시간입니다. '과업지향적 마인드'와 그것을 가능토록 하는 '관계지향적 행동'이 동시에 필요하다는 말이 마음속에 깊어지고 있습니다. 앞으로 저를 변화시키는데 각인하여 실행토록 하겠습니다. (○○사업소 C팀장)

가장 받고 싶은 상

오늘은 최근 SNS에서 주목받는 초등학생의 시 한 편을 공유합니다. 우덕초등학교 6학년 이슬 학생이 쓴 시입니다.

가장 받고 싶은 상

이슬(우덕초 6학년 1반)

아무것도 하지 않아도
짜증 섞인 투정에도
어김없이 차려지는
당연하게 생각되는 그런 상

하루에 3번이나
받을 수 있는 상

아침상, 점심상, 저녁상
받아도 감사하다는 말 한마디 안 해도 되는 그런 상

그때는 왜 몰랐을까?
그때는 왜 못 보았을까?
그 상을 내시는 엄마의 주름진 손을…
그때는 왜 잡아주지 못했을까?
감사하다는 말 한마디 꺼내지 못했을까?

그동안 숨겨놨던 말
이제는 받지 못할
상 앞에 앉아
홀로 되뇌어 봅니다.

엄마, 사랑해요
엄마, 고마웠어요
엄마, 편히 쉬세요
세상에서 가장 받고 싶은 상은 엄마상

이제 제가 엄마에게
상을 차려 드릴게요.
엄마가 좋아했던 반찬들로만
한가득 담을 게요

하지만 아직도 그리운 엄마의 밥상

이제 다시 못 받을

세상에서 가장 받고 싶은

울 엄마 얼굴상

이 시를 읽으면서 마음 깊숙이 다가왔고, 저도 돌아가신 어머니의 뜻을 헤아리는 시간이 되었습니다. 봄이 완연합니다. 목련이 인사를 합니다. 우리도 봄을 맞아 활기찬 기지개를 켜봅시다. (2021. 3. 15)

- 답장 중에서 -

오늘 이사장님의 월요편지를 보고 가슴이 먹먹하고 눈시울이 붉어졌습니다. 작년 이맘 때 어머니가 돌아가시고 저번 주 첫 제사를 지내서인지 가슴에 와 닿았습니다. 엄마의 따뜻한 손길이 그리운 한 주가 될 것 같습니다.

(○○사업소 C팀장)

신규직원 교육 받았던 ○○사업소 ○○○주임입니다. 늘 좋은 말씀 편지로 보내주셔서 한 주의 시작을 힘차게 시작합니다. 회사생활과 인생을 살아가는데 지표가 되고 배우며 사는 삶이 보람된 인생임을 알아가고 있는 것 같습니다.

(○○사업소 N주임)

일 잘되는 환경

올해 첫 이사회가 이번 주에 열립니다. 올해 업무계획과 규정 개정, 20년도 결산안 심의가 있을 예정입니다.

이제 21년도 경영평가 대비, 논의 중인 직무이수제 실행안 마련, 노사 한마음협의회 시작, 본부 청사 리모델링 실시설계 확정, 바보공작단 영상촬영, 하수·분뇨 및 건조 분야 연찬회, 간부들의 미세먼지 흡입차량 동승 현장체험 등 다양한 사업들이 활발하게 추진됩니다.

일 잘되는 환경은 어떤 곳일까요. 근무환경이 직장 내 분위기와 일의 성취를 높이는데 얼마나 기여할까요. 구글이나 아모레 등 국내외 기업들이 직원들의 근무환경을 획기적으로 바꾸고 있습니다. 혼자만의 공간, 협업하는 공간, 창의력을 이끌어내는 공간 등 직원들이 편안하면서도 업무의 효율성을 높일 수 있도록 공간을 설계하고 배치합니다. 저의 경우도 기존의 이사장실을 회의실과 사무공간으로 분리했는데 만족도와 몰입도가 높습니다. 일의 몰입도가 공간이 넓은 곳보다는 집중할 수 있는 정도의 공간일 때 더 높은 것 같습니다. 제가 부임 이후 본부 청사의 건립을 추진해왔으나 부산시의 서부산청사 건립 방침으로 뜻을 이루지 못했습니다. 하지만 본부 청사는 소음과 악취에 취약할 뿐만 아니라 비바람 치는 날씨에 누수 등 안전성에도 위험을 안고 있습니다. 안전조치와 환경개선이 시급히 이루어져야 할 시점입니다. 코로나19 이후로 기업들의 사무공간 활용에 변화가 생겨나고 있습니다.

인터넷에서 본 '일 잘되는 환경의 11가지 특징'을 요약해봅니다.

> 코로나 이후에 사무실의 가장 큰 변화는 공용공간이 줄어들고 다시 오래 전 사무공간의 표준이었던 칸막이 책상이 부활한다는 점이다. 사회적 거리두기로 안전을 위해 직원의 자리도 마주 보는 대신 등을 돌려 앉는 것으로 바뀌고 책상 사이의 거리를 늘리기도 한다. 가구 배치와 가구의 물리적인 재료도 고려하여 직원에게 안정감 등 감정에 미묘한 영향을 주기도 한다. 힐링 공간, 비공식적 공간은 직원들의 인간관계를 개선하고 네트워킹 기회를 만들며 창조적 상호작용을 북돋아준다. 특히 앞서가는 기업은 화장실을 소홀히 하지 않는다. 예술작품, 혁신 잡지, 독특한 음악 등을 제공하여 창의성을 자극한다. 성공한 여러 기업은 내부공간을 직원들을 위한 표현 공간으로 활용한다. 직원 사진 콘테스트를 열어 전시하는 공간, 직원들의 소리를 듣고 나누는 공간의 벽면을 마련하기도 한다.

본부 청사 리모델링의 합리적 대안 마련을 위해 부서 의견수렴, 벤치마킹, 토론회 등을 거쳤습니다. 적은 비용과 공간적 제약을 잘 극복하고, 안정감이 있으면서 일의 성과를 높이는 공간을 만들어 직원들의 근무환경이 새롭게 되기를 기대합니다. 소관부서의 노력과 정성도 중요하지만 집단지성의 의견도 필요합니다. 함께 만들어가기를 바랍니다. 또한 사업단(소)에서도 근무환경 개선에 각별한 관심을 가져주시길 바랍니다.

(2021. 3. 22)

새로고침 기능

 지난 4월 7일 부산시장 보궐선거에서 박형준 후보가 당선되어 새로이 부산시장이 되셨습니다. 또 다른 출발이 시작됩니다.
 지난주에 경영평가 실적자료 제출이 있었습니다. 각 부서에서 서류를 확인하고 정리하느라 많은 수고가 있었습니다. 노력한 만큼 좋은 결실이 있도록 평가에 최선을 다하겠습니다.
 제8대 공단노동조합의 출범식이 금주 금요일에 있습니다. 우리 공단은 노사상생의, 노사동반의 조직문화를 잘 가꾸어 왔습니다. 이런 20년의 전통이 계속 유지, 발전되기를 바라며 제8대 집행부의 출범에 진심으로 축하의 인사를 드립니다. 또한 2021년도 신규직원 51명의 채용이 내일 채용공고를 시작으로 절차가 진행됩니다.

 "관용차 타고 내릴 때, 제가 직접 문 여닫을게요." 박형준 시장님의 의

전 관행의 변화 이야기입니다. 언론보도에 의하면, 부산시는 시청 내부 정보망을 통해 각 실·국에 배포된 메시지에서 '신임 시장님이 참석하는 각종 외부 행사나 회의 때 직접 차 문을 여닫으신다고 하니 과장님, 국장님 등 참석하시는 분이 의전을 하지 마시고 그냥 대기하다가 맞아 달라'고 쓰여 있었습니다.

저도 처음 CEO로 부임했을 때 관용차 문을 열고 닫아주는 의전을 비롯해, 엘리베이터 미리 잡아주기, 식당에서 수저 놓아주기 등을 금지했습니다. 차츰 소홀해지고 있습니다. 나도 손이 있고, 문을 여닫는 것은 타이밍이 중요한데, 서둘러 문을 여닫아주는 행위는 자칫 가벼운 사고를 유발할 우려도 있는 만큼 안 하는 게 서로에게 나을 것입니다. 엘리베이터도 먼저 도착하는 사람이 누르는 것이고, 미리 잡는 것은 전기와 기계에도 좋지 않을 것입니다. 식당의 수저도 수저통에 가까이 있는 사람이 하는 것이고, 요즘은 코로나19로 인하여 다른 사람이 수저나 휴지를 제공해주는 것을 내키지 않을 것입니다.

조직의 문화는 말로써 바뀌는 것은 아닙니다. 행동이 있어야 가능합니다. 또 행동이 생각을 바꾸어갑니다. 수평의 조직문화는 행동하고 생각을 '새로 고침'할 때 만들어집니다. 이번에 '슬기로운 공단생활'에 대해 직원들의 의견을 수렴하고 있는데 잘 만들어서 우리만의 조직문화로 정착시켜 나갑시다.

코로나19가 또 확산되고 있습니다. 방역지침 준수에 소홀함이 없기를 바랍니다. (2021. 4. 12)

지금은 달리는 열차가 속도의 탄성으로 앞으로 나아가는 시기입니다. 1분기에 계획을 세웠고 법적인 절차를 마치고 본격적인 실행에 옮기는 시간입니다.

BSC 부서별 고유시책 평가, 디지털자료실 구축, 신규채용 절차 진행, 본부청사 리모델링 시작, 성과공유제 과제선정, 플라스틱 제로화 방송캠페인 추진, 실험실 숙련도 측정, 명지소각장 정기보수, 석면 슬레이트 지붕개량 시범마을 기념행사 등 공단의 목적사업과 관련한 일련의 사업들이 착실히 추진되고 있습니다. 이외에도 공단 운영과 관련한 크고 작은 일들이 담당직원들이 수고하고 있다고 생각합니다.

저는 신입사원 특강에서 공직 경험이 준 교훈 중 하나로 '일은 유기체, 네트워크이다'는 이야기를 합니다. 일이라는 것이 딱 하나로 존재하는 것이 아님을 이야기 했습니다. 그 실례로 국제영화제가 열리는데 그냥 영화인들만의 행사가 아닙니다. 그 영화제에 참석할 영화인이나 내빈을 초청해야 하고, 시민에게 홍보도 하고, 또한 행정관청으로부터 인허가도 받고, 예산을 확보하고 협찬금도 유치해야 합니다. 영화를 상영하는 것이 주 업무라고 하면 이와 관련된 부차적인 일들은 독립적으로 존재하는 것이 아니라 주 업무와 유기적인 네트워크를 가지고 연결되어 있어야만 완성도 높은 영화제가 될 수 있습니다. 사회가 복잡다단해질수록 네트워크는 광범위하게 넓어지고 있습니다. 따라서 일을 하는 사람은 해당업무와 연결된 네트워크를 잘 이해하고 활용해야 합니다.

직장인은 바쁩니다. 업무뿐만 아니라 사람들 간의 교류에도 많은 시간을 보냅니다. 누구를 아는가, 즉 어떤 네트워크를 가졌는가에 따라 개인의 업무실력과 커리어는 크게 달라집니다.

직장생활을 하면서 인간관계 관리는 중요합니다. 전통적인 방식은 네트워크를 위해 사람을 대면으로 만났습니다. 소위 마당발이었습니다. 그러나 지금은 SNS나 관련 저서를 통하는 비대면 방식이 더 가치 있는 경우가 많습니다. 미국 스탠퍼드대 사회학교수의 직장인 대상의 조사에서 "친구가 아닌 개인적 친분이 있는 지인을 통해 새로운 일자리를 찾았다"는 연구 결과가 있습니다. "본인의 네트워크가 원하는 바를 더 성취시켜 주는 힘이다"라고 주장합니다. 나의 네트워크는 내 삶과 직장의 커리어에 바람직하게 나아가고 있는가. 한 번쯤 피드백 할 시간입니다.

(2021. 4. 26)

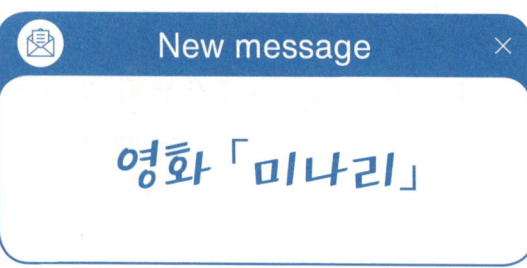

　5월의 첫 주, 어린이날, 어버이날, 스승의 날, 성년의 날, 부부의 날 등이 있는 소통의 달입니다. 그러나 코로나19는 우리의 행동을 자제하게 하고 마음으로 소통하기를 강요하고 있습니다. 오늘은 어버이날 기념 홀로어르신에게 추억의 선물상자 및 반찬 나눔을 하는 날입니다. 우리 직원들이 직접 감사인사문도 쓰고 반찬도 만들고, 트로트 기기 등 선물상자 포장도 합니다. 또한 해운대 지역의 홀로어르신들에게 직원들이 직접 방문하여 전달할 계획입니다. 이 기부 활동에 참여하는 임직원 여러분께 감사 인사를 드립니다.

　최근 '윤여정이 던지는 네 가지 메시지'가 인터넷에 회자되고 있습니다. 올해 영화 「미나리」로 아카데미 여우조연상을 수상하면서 윤여정 배우의 삶과 어록이 주목받고 있습니다. 인터넷 페이스북에서 가져온 글을 정리하여 소개합니다.

① 단순함의 미학 : 윤여정의 말을 듣다보면 '오컴의 면도날'이란 개념이 떠오른다. 같은 현상을 설명하는 두 개의 주장이 있다면 간단한 쪽을 선택하라. 윤여정의 말은 한마디 한마디엔 군더더기가 없다.

② 성(聖)은 속(俗)으로부터 : 인생을 일으키고 세상을 바꾸는 원동력은 심오한 사상과 원대한 계획이 아니라 열등감, 생계, 인정욕구, 두려움 같은 것이다. 우린 이런 인간을 속물로 취급하지만 위대한 성취의 근본 출발은 속(俗)에서 나온다.

③ 밥벌이의 위대함 : 윤여정은 오늘의 자신을 만든 건 생계를 위한 연기 열정이라고 했다. 아카데미 수상소감에서도 그녀는 두 아들이 자신을 일터로 보냈다며 유머 아닌 유머를 던졌다. 흔히 하고 싶은 일을 해야 된다고 한다. 그래야 오래 재밌게 한다는 것이다. 세상에 하고 싶은 일을 하고 사는 사람이 몇이나 될까. 거의 모든 사람은 하고 싶은 일보다 해야 할 일을 하며 산다. 밥벌이보다 성스러운 삶은 없다.

④ 불공정과 불공평의 기원 : 생계의 절실함이 윤여정에게 연기에 대한 열정이 생기게 했다. 일을 또 받으려면 연기를 잘해야 했던 것이다. 세상은 냉정하다. 즐겁게 일하는 사람에게는 일을 주지 않는다. 일 잘 하는 사람에게 일을 준다. 평등은 공정과 일치되지 않는다. 실력만큼 공정한 차등을 두어야 열정이 생긴다. 공정은 도덕이 아니라 이치다.

꾸미지 않고 던지는 그녀의 메시지에 울림이 큰 것은 미화하거나 치장하지 않고 현실에 있는 그대로 진짜 삶을 얘기해 주기 때문입니다. 두 아이를 홀로 키워야 했던 현실의 수용은 치열한 삶의 통찰이라 여겨집니다. (2021. 5. 3)

에일리의 명언

어버이날에 꽃 한 송이를 드리기도 하고 받기도 하셨는지요. 혹시 그런 일이 없다고 우울하거나 서글퍼 하지 않길 바랍니다. 이 또한 지나갑니다.

이번 주는 경영평가 준비로 바쁠 것 같습니다. 비대면 영상으로 하는 첫 평가라 응대하는 직원들은 당황할 수도 있고, 순발력을 보여야 하는 경우도 있을 것입니다. 준비하는 만큼의 성과가 있을 것입니다.

오늘 보고에 의하면 민원이 전년도 보다 거의 1/3이 늘었다고 합니다. 코로나19로 인한 시민들의 불만, 분노도 있겠지만 다시 한 번 더 민원응대에 관심을 갖고 적절히 대응해야 합니다. 제가 부임한 2018년 말에 전국 지방공기업 임원을 대상으로 하는 워크샵에서 우리 공단의 경영혁신 사례를 발표했습니다. 그땐 소관부서에서 만들어준 자료를 대독하는 수준이긴 했으나 소위 '가수 에일리의 명언'이라는 것을 소개했습니다.

뉴욕은 캘리포니아보다 3시간 빠릅니다. 하지만 그렇다고 캘리포니아가 뒤쳐진 것은 아닙니다. 어떤 사람은 22세에 졸업을 했습니다. 하지만 좋은 일자리를 얻기 위해 5년을 기다렸습니다. 어떤 사람은 25세에 CEO가 됐습니다. 그리고 50세에 사망했습니다. 반면 또 어떤 사람은 50세에 CEO가 됐습니다. 그리고 90세까지 살았습니다. 어떤 사람은 아직도 미혼입니다. 반면 다른 어떤 사람은 결혼을 했습니다. 오바마는 55세에 은퇴했습니다. 그리고 트럼프는 70세에 시작했습니다. 세상의 모든 사람들은 자기 자신의 시간대에서 일합니다. 당신 주위에 있는 사람들이 당신을 앞서가는 것처럼 느낄 수 있습니다. 어떤 사람들은 당신보다 뒤쳐진 것 같기도 합니다. 하지만 모두 자기 자신과의 경주를, 자기 자신의 시간에 맞춰서 하고 있는 것뿐입니다. 그런 사람들을 부러워하지도 말고, 놀리지도 맙시다. 그들은 자신의 시간대에 있을 뿐이고, 당신도 당신의 시간대에 있는 것뿐입니다. 인생은 행동하기에 적절한 때를 기다리는 것입니다. 그러니까 긴장을 푸세요. 당신은 뒤쳐지지 않았습니다. 이르지도 않습니다. 당신은 당신의 시간에 아주 잘 맞춰서 가고 있습니다.

남들과 자꾸 비교하며 남보다 빨리 성공하고, 몇 살에는 결혼을 하고 몇 살에는 집을 마련해야 하고 이런 기준과 틀에 갇혀 살아가는 것이 우리 삶의 현실입니다. 하지만 모두 똑같은 인생을 살 수 없고 개개인이 다른 것처럼 각자의 때가 있는 것 같습니다. 우리는 자신이 생각하는 방향으로, 자신의 속도로 나아가면 될 것입니다. (2021. 5. 10)

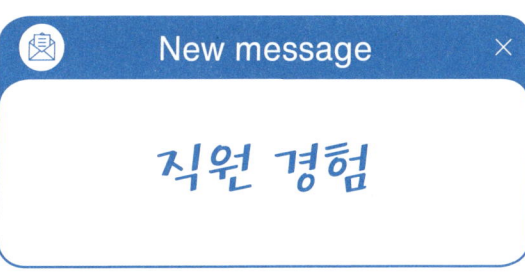

직원 경험

　지난주 월요일은 올해의 경영평가에서 우리 공단이 비대면 평가를 받는 날이고, 저 또한 CEO 영상 면접이 있어 준비하느라고 월요편지를 쓰질 못했습니다. 본부의 직원들이 사전 예행연습도 하고 주말에도 공부를 한 것으로 알고 있습니다. 이러한 과정을 거치면서 개인의 역량도 키우고, 평가에서도 적절하게 대응할 수가 있었습니다. 1년 동안의 공단 경영 실적이 평가에서 손해 보지 않도록 최선을 다해준 관계 실무자들에게 고맙다는 인사를 드립니다. 또한 주말에는 신입사원 채용 필기시험이 있었고, 6월 말경에는 새로운 직원들이 입사를 하게 될 것입니다.

　최근 선진 기업들은 핵심인재를 확보하기 위해 '일과 생활의 균형'을 넘어 다양한 직원경험을 제공하고 있답니다. 여기서 직원경험(Employee Experience)은 직원들이 직장 내에서 겪는 다양한 경험 세계를 통칭합니다. 삶에 상당한 영향력을 준 기억이나 황홀감을 느낄 만한 경험, 깊은 통찰을 얻게 만든 일, 자부심을 느끼게 한 경험 같은 것들입니다. 저의 경우는 2002년 아시아·태평양 장애인 경기대회에서 지원과장을 맡아 폐회식을 끝내고 운동장의 조명등이 하나씩 꺼질 때 그동안의 남모른 고생들이 주마등처럼 스치면서 흘린 눈물을 잊을 수가 없습니다. 직원 경험의 권위자인 제이콥 모건은 『직원경험의 이점(The Employee Experience Advantage)』에서 미국의 직원들이 중요하게 여기는 경험요소로 소비자 맞춤형 기술, 업무공간, 손님의 방문이 자랑스러움, 직장 유연성과 자율성, 목적의식, 공정한 대우, 소중성, 팀의 일원이라는 느낌, 멘토 역할을 하는 관리자, 새로운 것을 배우고 성장하는데 필요한 자원 제공, 다양성과 포용성, 웰빙, 브랜드 평판 등을 제시하고 있습니다. 이러한 직원경험들이 등장하게 된 것은 일하는 방식과 사람은 물론 일의 환경이 급격히 달라지고 있기 때문입니다.

조직을 위해 삶을 희생하는 것이 미덕이었고 급여와 승진에 목을 매던 방식에서 '일과 삶의 균형'을 이루는 방식으로 정립하여 직원의 자아가 실현되는 '삶의 터'가 되길 바랍니다. 또한 점차 중심 직원으로 부상하는 MZ세대는 자유로운 소통과 수평적인 조직문화를 선호하고 조직과 개인 간의 균형적 발전관계 속에서 개인적 삶에 대한 가치를 중시합니다.

지난주에는 2021년도 공단의 자율주도 학습조직 CoP*가 출범했습니다. 7개 팀 75명이 자발적인 참여를 통해 위에서 언급한 직원경험을 하고자 하는 열망이 가득 차 있다고 할 것입니다. 우리는 '바보공작단'의 활동에서 그것을 보았습니다. 우리 공단이 직원들에게 협업하고 업무경험

---

* CoP는 Community of Practice의 약자로 토의나 지식공유, 문제해결을 함께 하는 학습조직을 의미함.

의 기회를 지속적으로 확대하여 개인의 성장과 행복을 응원하고, 궁극적으로 뛰어난 역량을 갖춘 직원들을 양성하여 이들이 공단발전에 기여하게 해야 합니다.

간부들의 지혜와 직원에 대한 배려, 직원들의 멋진 경험에 대한 열정을 응원합니다. 직원들의 역량과 행복이 공단의 발전으로 이어지기를 기대합니다. (2021. 5. 24)

월요편지를 시작할 때 빠트리지 않겠다는 다짐을 크게 했습니다. 월요일 출근하지 않거나 특별한 경우를 제외하고 빠짐없이 편지를 쓰겠다는 결심으로 여기까지 오게 되었습니다. 이제 100번째 편지를 쓰고 보니 나름 큰 의미가 있었다는 생각을 합니다. 여러분의 답장이 큰 용기가 되었고, 틈틈이 도움이 된다는 말이 여태껏 지속하는 힘이 되었습니다. 제 스스로 의무감이 되는 것 같고 그동안 여러분께 하고 싶은 말들을 어느 정도 한 것 같아 이제는 꼭 매주 편지를 보내지는 않을 생각입니다.

지난주로 행안부의 경영평가와 부산시의 CEO 평가를 마쳤습니다. 평가결과 이전에 지난 한해 동안 직원들의 수고에 감사하고, 평가 준비에 최선을 다한 관계부서 및 여러분의 노력에 고맙다는 인사를 합니다. 끝까지 최선을 다해 주시기 바랍니다.

100번째 월요편지에서 어떤 주제를 다룰까 고민을 했습니다. 기본으로 돌아가자는 의미에서 우리 공단의 업(業)을 되새겨 보고자 합니다. 원래 업(業)은 한자로는 '일'을 뜻하지만 실제로 업(業)이란 단순히 일 그자체가 아니라 일의 중요한 의미나 가치, 즉 미션을 말한다고 합니다. 우리 공단의 미션이 '환경생태도시 조성과 시민환경복지 실현'이니 우리의 업(業)이라 할 것입니다. '업(業)의 본질이 기업이 사회에 존재하는 미션이 되고 미션은 고객과의 약속'이라고 하니 우리 공단이 존재하는 이유와 시민에 대한 약속을 업(業)에서 찾아야 할 것입니다.

지난 2019년에 공단의 미션과 비전을 설정하기 위해 설문조사, 직원 워크숍을 했고 전문가의 용역 자문을 받아 지금의 공단 미션을 정했습니다. 기존의 미션에서 환경 또한 큰 틀에서 복지 개념에 포함되고 도로미세먼지 제거나 슬레이트 지붕 철거, 손수레 지원 등의 환경취약계층에 대한 업무 영역이 증가함에 따라 '부산시민 삶의 질 향상'이 보다 구체적으로 '시민환경복지 실현'으로 변경되었습니다. 우리 공단은 하수처리와 생활쓰레기를 최종적으로 처리하는 업무를 맡아 설립되었습니다. 그동안 음식물쓰레기 처리, 도로 위 재비산 먼지 흡입차량 운영, 석면 슬레이트 지붕 철거, 집단에너지 공급시설 운영 등의 사업들이 추가되었고, 부수적인 사업으로 신재생에너지 생산 및 환경캠페인과 환경교육 등을 행하고 있습니다.

우리가 우리의 미션을 잘 수행하는 것은 시민에 대한 약속이고 다른 한편으로는 그 일을 하는 우리의 자긍심과 보람이 될 것입니다. 직원 한 사람 한 사람이 공단의 업(業)을 생각하면서 직장생활의 행복을 찾길 바랍니다. (2021. 6. 7)

- 답장 중에서 -

100권의 수필집을 읽은 것 같습니다. 가족, 회사, 나라를 생각하고 환경을 생각하게 하는 묵직하지만 진솔한 내용에 늘 감사함을 느낍니다. 많은 용기와 지혜를 준 100가지의 편지에 '알람설정, 좋아요' 구독자 인증입니다.

(○○사업소 C팀장)

아이스 아메리카노

　지난주에 시의회 업무보고와 현장경영 회의가 있었습니다. 시의원들이 'K.J조선 화장실'의 황화수소 누출에 따른 안타까운 인명사고와 석면 슬레이트지붕 철거사업 등에 대한 관심을 보여 주었고, 특히 공단의 '바보공작단'이 만든 유튜브 '물티슈 사용자제' 홍보 동영상에 격려를 해주셨습니다.

　현장경영 회의에서는 몰입과제와 뉴턴 기술혁신 과제의 추진상황을 점검했습니다. 모든 과제가 정상추진 중에 있어 좋은 성과를 기대하고 있습니다. 이런 일은 현장업무를 개선하고 보다 효율적인 목적사업을 달성하는 데 크게 도움이 될 것으로 믿어 의심치 않습니다.

　해운대 신시가지 내 노후 하수관로가 막혀 어려움이 있었지만 동부사업단 관로팀의 사흘간 밤낮 없는 발 빠른 대처로 민원 발생 없이 현장조치를 마무리했습니다. 고마움에 카카오톡으로 '아이스 아메리카노 커피'를 선물했습니다.

  최근 업무수행 과정에서 크고 작은 일이 있었지만 선제적이고 신속한 대응으로 업무처리의 기민성을 보여준 점을 높이 평가합니다. 이러한 스피드 한 업무처리는 직원 상호간의 협동정신과 존중문화가 어우러져 나타난 결과라고 생각합니다.
  폭염이 지속됩니다. 일과 건강에서 항상 조심하는 여름나기를 기원해 봅니다. (2021. 7. 19)

> **New message**
>
> **5년 연속 1위**

오늘 아침은 아쉬움과 함께 축하와 감사의 인사를 드립니다. 지난 8월 27일 행정안전부와 지방공기업평가원이 공동으로 주최한 지방공기업 CEO포럼에서 우리가 지방공기업 발전유공 대통령표창을 받았습니다. 올해 기관표창으로 유일하게 우리 공단이 받았고, 특정 분야가 아닌 공기업기관으로서 처음으로 받는 대통령표창입니다.

또한 오늘 행정안전부가 발표한 20년도 경영평가에서 우리 공단이 환경공단 군에서 1위를 했습니다. 5년 연속 1위입니다. 다만 코로나 등의 영향으로 '가' 등급이 안 된 점은 매우 아쉽습니다. 임직원 여러분의 그동안 수고에 깊이 감사드립니다.

지난 3년간 쉼 없이 달려왔습니다. '혁신, 안전, 윤리'를 경영방침으로 정하고, '글로벌 환경공기업'으로 발전하고자 하는 노력을 전 임직원이 열과 성을 다해 왔습니다. 그동안 공기업 경영평가에서 전국 최고 수준을 받았고, 시민들로부터도 많은 신뢰를 얻고 있습니다. 부산의 다른 공기업과 비교해서도 좋은 평가를 받고 있다고 생각합니다.

수확의 계절 9월, 여러분은 올해 어떤 결실을 얻을 것인가요. 오늘은 저 나름대로의 살아온 인생 속에서 공무원 생활 30여년쯤 보내고 공단 이사장을 하면서 얻은 것들 중에서 세 가지를 언급해 보고자 합니다.

첫째가 '생각의 폭을 넓히다'입니다. 개인이 살아가면서 생각이 좁지 않고 좀 더 넓은 폭을 가지고 있다면, 이것도 사람에게는 행복한 일이라고 생각합니다. 제가 중앙정부의 교육을 받고, 독일 베를린과 미국 미시간으로 유학을 함으로써 조직 내부에 있어서는 조금 외톨이 같은 인생이 되기도 하고 승진하는데 불이익을 받았으나 '글로벌 오픈 마인드'를 가지는 데 큰 힘이 되었습니다. 제가 우리 공단의 미션을 '글로벌 환경 공기업'으로 정한 이유가 글로벌 수준 이상으로 세계 어디에 내놔도 상위 그룹에 들어가는 공기업이 되자는 뜻입니다. 여러분들도 그런 생각을 가지고 준비하고 행동하기를 바랍니다.

두 번째는 업무가 다람쥐 쳇바퀴 돌듯 하더라도 일에 재미를 가졌습니다. 새로운 일에 도전하고 재미를 붙였습니다. 본인이 하는 일에 몰입을 하여 경험을 얻고, 그런 경험이 하나씩 쌓이고, 또 다른 일들을 하는데 영향을 미쳐서 본인의 인생으로 쌓여갔습니다. 나중에 30여 년이 지나면 본인의 인생이 커다란 산으로 형성될 것입니다.

세 번째는 가장 현실적인 것으로 월급과 연금을 받았습니다. 보람, 자기만족, 자기발전, 자기긍지 등에 관한 매슬로우의 욕망의 법칙을 따르지 않더라도 돈은 매우 중요합니다. 꿈에 그리던 자동차를 사고 맛있는 음식을 먹고 레저를 즐기는 것은 물론 가족을 위해서도 필요합니다. 공공기관은 매월 정해진 기일에 안정적으로 월급을 주므로 잘 활용하고 관리한다면 생활수단으로 크게 부족하지 않을 것입니다.

오늘부로 사회적 거리두기가 3단계로 조정되었지만, 언제나 가정, 직장에서 방역지침의 준수에 소홀함이 없길 바랍니다. (2021. 9. 6)

일을 바라보는 관점

추석연휴를 마무리하고 10월의 시작이 있는 한 주입니다. 10월이 결실의 계절이듯 우리 공단도 동부하수처리장 인수, 경영본부장 및 노동자이사 선임, 21년도 임금협상, 가족친화기업 재인증, 시민불편운동본부의 출범 등이 있을 예정이고 본부 청사의 리모델링 공사가 마무리됩니다. 당초 독립된 청사 신축을 추진했으나 부산시의 '서부산 청사' 건립계획에 우리 공단도 포함되어 별도의 청사 신축이 어려운 상황입니다. 기존의 열악한 사무 환경을 개선하는데 역점을 두고 본부 건물은 20년 만에 리모델링을 했습니다. 그동안 수고해 준 신기술안전처 및 관계직원 여러분께 감사의 인사를 드립니다.

가을이 되고 일의 성과를 고민해야 하는 시점에서 제가 공직생활을 하면서 느꼈던 일에 대한 저의 관점을 직원 여러분과 공유하고자 합니다.

첫째는 일이라는 것은 딱 하나로 존재하는 것이 아니라 유기체, 네트워크로 존재합니다. 시대가 가면 갈수록 네트워킹 사회가 됩니다. 네트워킹 사회에 잘 적응하는 능력을 발전시켜나가야 합니다.

둘째는 '고객이 바로 나다'는 것, 즉 역지사지(易地思之)해야 합니다. 내가 일을 할 때 상대편의 관점에서 고민해봐야 합니다. 민원을 제기하는 사람이 내 가족, 내 지인이라면 좀 더 친절하고 만족스럽게 처리하겠지요. 그것뿐만 아니라 동료와의 관계도 항상 역지사지 입장으로 일을 대한다면 '저 친구 일 잘한다'는 평가를 받을 것입니다.

셋째는 '심신(心身)은 한 곳에 있다'입니다. 제가 봐서는 굉장히 중요한 이야기 중의 하나입니다. 지금 일을 몰입해야 하는데 아픈 가족이 병원에 있다면 일에 집중할 수가 없습니다. 그와 마찬가지로 내 몸도 아프면 일에 집중할 수가 없죠. 이미 마음이 일에서 멀어져 있게 됩니다. 여러분들이 무슨 일을 하던 가장 중요하게 생각해야 할 것은 자신의 몸 관리입니다. 나의 건강이 항상 최적의 상태로 유지되어야 일도 잘 할 수 있다는 말씀을 드립니다.

추석 연휴 이후로 또 다시 코로나19가 확산되는 추세입니다. 환절기도 다가오니 다들 스스로 건강에 유의하시길 바랍니다. (2021. 9. 27)

제2부

BECO 부산환경공단 혁신경영 이야기

공기업의 경영혁신은 정부의 공기업 정책기조를 유지하면서 자신의 목적사업을 극대화하는 데 있다. 결국은 공익적인 기능과 기업의 경영성과의 교집합 부분을 최대한 확대하는 것이 모든 공기업의 공통된 가치일 것이다. 이러한 관점에서 본다면 부산환경공단에서 추진한 혁신경영 이야기는 지방공기업의 공통적인 목표를 달성하는 데 조금이나마 도움이 될 것으로 기대한다.

제1장

혁신전략 & 시스템

BECO 혁신경영 이야기
중장기 경영전략 기본계획

　기업이나 국가는 경영을 할 때 그 성과와 가치를 극대화하기 위해 먼저 단계별 계획을 수립한다. 가장 효과적이고 효율적인 방법을 채택하는 것이다. 이러한 계획은 공기업에서도 마찬가지다. 제한된 자원과 현실 여건, 미래 전망을 고려하여 기간별 단계적인 경영계획을 수립한다. 3년 단위의 단기계획, 5년 주기의 중기계획, 10년 내외의 장기 플랜을 수립한다. 계획 주기별 수립되는 내용은 연동화해 운용된다.

　부산환경공단은 제4기 중장기 경영전략 기본계획을 마련하고, 전 임직원이 비전 달성에 전사적으로 매진해왔다. 그러나 2017년 문재인 정부, 2018년 민선 7기 시정의 출범으로 공공기관 정책기조가 급변하고 미래사회 메가트렌드인 '4차 산업혁명'이 이전보다 더욱 가시화함에 따라 이에 발맞춘 제4기 중장기 경영전략을 조기 종료하고, 경영상황 분석과 전문가 의견을 들어 제5기 신중장기 경영전략을 당초 계획과 연동한 수정

계획으로 구분하여 수립하게 되었다.

제5기 중장기 경영전략 수립은 전문업체 용역을 통해 160일간 시행하였으며 환경산업, 주요정책 및 경영환경을 토대로 기존의 전략을 진단 분석하고 개선점을 도출하여 2019년부터 2021년까지 추진할 중장기 경영전략 과제 및 조직개편안을 도출하였다. 이와 동시에 경영본부장이 총괄하는 미래전략 TF팀(3분과 36명)을 구성하여 조직, 인사, 고객만족, 목적사업, 연구개발 분야 등 제도강화 및 개선방안 마련을 위해 노력하였다. 이 기본계획 수립과정에 CEO의 경영방침과 전 직원의 의견이 잘 반영되었다. 그 결과 '환경생태도시 조성과 시민환경복지 실현'으로 미션 변경과 '글로벌 환경 공기업 BECO with Human & Tech'의 비전을 설정하였으며, '안전경영, 혁신경영, 윤리경영'의 경영방침과 4대 전략과 12대 핵심과제를 확정하였으며 열정적 자세(Passion), 혁신적 사고(Innovation), 소통과 협력(Networking), 글로벌 역량(Globality)의 앞 글자를 딴 새로운 인재상(PING)을 도출했으며 조직체계를 중장기 비전 달성을 위한 최적의 '사업단 조직'으로 개편하게 되었다. 이러한 변화된 중장기 경영전략 기본계획(수정)의 수립을 통해서 행안부 주관 경영평가 5년 연속(2017~2021) 최우수 기관 선정, 올해의 일자리대상 수상, 혁신우수 지방공공기관 선정, 국가우수 환경교육 프로그램 지정 등 유의미한 성과를 거두었다.

BECO 혁신경영 이야기

#TMS #ESG

공기업에 있어 경영방침은 설립 취지에 부합되고 목적사업을 수행함에 있어 경영자의 일관된 기본원칙이라고 할 수 있다. 일반적으로 경영학에서는 조직, 부서, 개인 세 가지 차원에서 경영목표를 세분화하고 있으며 경영방침이 이에 대한 방향성을 제시하는 역할을 한다.

이와 관련하여 공단은 CEO 취임 2주년을 맞이하여 #TMS라는 새로운 경영방침을 수립했다. 원래 TMS(Tele-Monitoring System)는 수질원격감시체계라는 뜻으로 하수처리장에서 처리되는 방류수질을 원격으로 감시하는 시스템을 말한다. 공단이 하고 있는 주목적사업의 중요한 관리요소인 것이다. 여기에 중의적인 의미를 더하여 #TMS 경영전략을 수립했다. 즉, Technology(기술력), Management(경영혁신), Satisfaction(시민만족)의 이니셜을 딴 합성어에 반올림과 해시태그의 이중 개념인 #을 붙여 'TMS에 위한 레벨업과 역점과제에 대한 선택과 집중'의 의미를 부여했다.

2020년 기업경영의 핵심화두로 ESG가 부상했다. 삼성, LG, 네이버 등 글로벌 대기업에서도 ESG를 경영방침으로 삼고 사업 분야별 전략과제를 만드는 중이라고 한다. ESG는 Environment(환경), Social(사회), Governance(거버넌스)의 머리 글자를 딴 조합어로 기업 활동에 있어 친환경, 사회적 책임경영, 지배구조 개선 등 투명경영을 고려해야 기업이 지속가능한 발전을 할 수 있다는 철학을 담고 있다.

이와 관련하여 공단도 지역사회, 시민, 대학, 기업과의 협력을 강화하고 사회적 책임을 강조하기 위한 ESG 경영철학을 발표했다. Environment(환경) 분야에서는 플라스틱 제로 기업문화 만들기, 에코백 런(RUN) 범시민 환경캠페인, 탈(脫)플라스틱 챌린지 등 친환경 캠페인 선도를 통해 환경공기업으로서의 사회적 책임을 이행하고 있으며 Social(사회) 및 Governance(거버넌스) 분야에서는 주민들의 경영참여 확대를 위한 언택트 경영성과 시민보고회 등 다양한 소통시책을 운영하고 지역사회와 협력관계를 유지하여 지역공기업으로서 사회적 역할과 책임을 실천하고 있다.

CEO의 경영방침과 조직혁신을 위한 강력한 의지에도 불구하고 조직의 전 영역이 유기적으로 움직여 ESG와 #TMS를 달성하기 위해서는 해결해야 할 과제가 남아 있다. 특히, 올해는 코로나19의 전국적인 확산으로 당초 계획된 업무 진행에 어려움이 있지만 이러한 시대적 트렌드를 반영한 유연한 경영방침과 행동규범으로 코로나 극복과 양질의 경영성과를 창출하는 데 전 사원이 매진 중이다.

> BECO 혁신경영 이야기
>
> # 경영평가와 책임경영

지방공기업 CEO에게 있어 책임경영은 경영의 근간이 되는 핵심적인 가치이다. 그 책임경영의 바로미터가 행정안전부에서 주관하는 경영평가와 부산시 CEO업무실적 평가이다. 경영평가는 지방공기업법 제78조 등에 따른 법정사무로 평가시행 직전년도의 경영실적을 종합적으로 판단하여 등급을 결정한다. 평가등급은 임원 및 직원의 성과급여에 영향을 미친다.

경영평가에서 우수한 성적을 거두기 위해서는 공기업의 공공성과 기업의 경영성과를 동시에 만족하는 실적을 쌓아야 한다. 평가지표에는 윤리경영부터 안전, 사업실적, 경영개선 및 혁신, 전략, 고객만족 등 모든 영역의 경영 분야가 망라되어 있어 매년 우수한 성과를 낸다는 것이 실로 어려운 일이다.

2018년 11월 이사장으로 취임 직후부터 지속적으로 추진해온 경영혁신, 석대매립장·일광·영도하수처리장 사업운영권 인수와 전국 지방공기업 최초 에너지진단 전문기관 지정 등 기존사업의 외연확대 및 신설, 하수처리장 공정약품 3S운동 전개 등을 통한 11억 원, 남부사업소 MBR* 막세정 방법 개선을 통한 22억 원의 예산절감, 신규 일자리 창출과 사회적 약자지원 사업 등 사회적 가치 창출을 포함한 모든 분야에서 괄목할 만한 성과를 이끌어내었다. 경영평가 지표 변경에 대한 대응전략도 추진하였다. 총괄부서에서는 정기점검과 중점지표를 관리하고, 지표별 소관부서에서는 부서별 자율적인 책임추진으로 투트랙(Two Track) 방식으로 평가지표에 대한 성과물을 관리해왔다.

평가할 수 없는 것은 관리할 수 없다는 경영이론이 있다. 경영평가는 꼭 필요하지만 평가를 위한 평가가 되어서는 안 된다. 지표를 유심히 살펴보면 CEO가 당연히 해야 할 과업과 방향을 정밀하게 가르키고 있음을 알 수 있다. 흐트러짐 없이 정부정책에 적극 참여하고 설립 목적에 부합하는 책임경영을 다해야 한다.

평가를 잘 받는 비결은 따로 없다. 혁신적으로 일하는 방식과 주요 업무에 대해서는 P-D-C-A 싸이클에 따라 정기적인 업무점검과 피드백, 개선과업의 계획적 반영이 지속적이고 효과적으로 이루어질 때 가능하다.

최근 부산환경공단은 지방공기업 중에서 유일하게 5년 연속(2017~2021) 1위의 최우수기관으로 선정되는 쾌거를 이루었다. 일의 성과는 CEO의 관심과 사랑으로 여물며 직원들의 합심으로 결실을 맺는다.

---

* MBR은 하수처리공법으로 Bioreactor(생물반응조)와 Membrane(분리막)기술을 결합한 공정으로 Membrane(필터)을 사용하여 활성슬러지(고형물, 미생물 등)와 처리수를 분리시키는 고도처리기술이다.

> **BECO 혁신경영 이야기**
>
> 「사업단 조직」으로
> 조직 혁신

조직이 성장하려면 대내외 경영환경에 선제적이고 능동적인 진화형 조직체제로 작동해야 한다. 조직은 변화의 필요성을 느끼더라도 새로운 것을 시도하기보다는 친숙한 것을 고수하려 하고 변화에 저항하려는 경향이 있다.

창립 20주년을 맞이한 공단은 20년 동안 시설중심으로 짜여진 '사업소' 형태의 기존 조직체계에서 지역과 기능중심의 '사업단' 조직체계로 개편하여 조직혁신을 도모하였다. 개편된 조직편제의 추진방향은 동일한 권역 내 기능적으로 통합 가능한 업무는 사업단 형태로 묶어 업무중복을 줄이고 통합에 따른 중복 인력은 정원 부족현상을 겪는 부서에 재배치해 인력 감축효과를 가져오게 했다. 2020년 1월 1일자로 4개 사업단을 시범적으로 구성·운영하고 있으며, 공단창립 이래 최초로 현업부서에 대한 조직개편을 과감하게 추진하였다. 앞으로도 중장기적으로 사업단 중심의 조직 개편을 확대하여 시민 눈높이에 맞는 사업장 운영 효율화 방안을 마련코자 한다. 이러한 사업단 체제의 개편과정을 통해 5년간 61억 원 상당의 인건비 예산절감 효과를 거둘 것으로 기대하고 있다.

조직 개편은 조직의 구조적인 변화 외에 인력운영 측면에서도 많은 변화를 수반한다. 사업단 중심의 조직개편으로 공단은 사업소별 유사한 공통 업무를 통합 관리함에 따라 인력운용의 효율성을 확보했다. 또 본부 안전관리팀 및 ICT융합팀, 강변사업소 시설관리팀 등을 신설하여 환경기초시설 안전관리와 운영 인력의 전문성을 높이고 코로나19 위기상황에서도 능동적인 조직으로 대응할 수 있는 시스템을 구축하였다.

급격한 조직변화에 대한 적응력을 높이고자 공단은 전체부서를 대상으로 조직 개편 추진과정에서 다양한 의견수렴과 개편 방향에 대한 설명회 등 충분한 설득과정을 거쳤다. 이는 기존 조직체계에 변화의 시작을 알리고 미래 지향적인 관점의 변화를 유도하는 계기가 되었다.

그럼에도 불구하고 사업단 운영 초기에는 새로운 제도, 일하는 방식 변화에 따른 혼란을 겪기도 하고 일부에서 불만이 터져나오기도 했다. 조직 개편 후 1년의 시범운영 기간 '사업단운영진단TF'를 구성하여 현장에서 드러난 문제점을 분석하고 다양한 개선안을 적용하여 바뀐 조직이 조기에 정착되도록 하였다.

실제로 변화된 조직에 구성원들이 적응하기까지는 많은 시간과 노력이 필요하다. 앞으로도 구성원의 불편사항은 지속 개선하는 동시에 사업단 운영체계가 미래의 경영환경을 능동적으로 담아낼 수 있도록 수정·보완해나갈 것이다.

BECO 혁신경영 이야기

조직의 힘, BSC 성과관리제도

  BSC(Balanced Scored, 균형성과지표)는 1992년 하버드대학의 로버트 카플란교수와 데이비드 노턴 박사가 공동 개발한 전략경영시스템으로 전략경영과 목표달성, 책임경영 실현, 경영혁신 및 조직변화 촉진을 위해 비재무적 요소를 균형적인 성과체계에 반영한 것이 핵심이다.

  공단은 창립 초기 최소비용으로 최대 효율을 이끌어내기 위해 2001년에 공단 특성과 실정에 맞게 구축한 전략적 성과관리시스템(SPMS, Strategic Performance Management System)을 전국 지방공기업 최초로 운영하였고, 현재까지도 조직의 핵심적인 성과를 관리하는 중요 시스템으로 보완과 개선을 거듭하여 시스템 경영의 한 축으로 자리 잡고 있다.

  BSC를 체계적으로 수행하기 위해서는 공단의 미션, 비전 및 전략을 명확하고 구체적으로 설정하여 이를 바탕으로 성과관리 추진방향을 설정하게 된다. 공단은 CEO 임기에 맞추어 제5기 중장기 경영전략(2019~2021년)

을 새롭게 수정해 수립하였다. '환경생태도시 조성과 시민환경복지 실현'을 미션으로 비전과 전략과제 등 수정된 전략체계를 재구축하였으며 이러한 전략과 CEO 경영방침과의 연계성 강화를 위해 4대 관점별(고객, 재무, 내부프로세스, 학습과성장) 8대 목표를 설정하여 부서별 성과지표(KPI)를 도출하였고, 전 직원의 혁신적 성과창출을 유도하기 위한 개인성과지표를 부여하여 성과관리체계를 운용하고 있다. 이러한 BSC 제도는 전년도의 개선점을 반영하고 성과관리규정, 세부적인 운영편람을 작성하여 각 지표에 따라 수행된 업무를 평가하고 성과를 달성할 경우 인사·평가급·연봉 등에 반영하고 있다.

2021년에는 자체 성과관리 및 평가체계 고도화 방안으로 첫째, ESG(환경개선 E, 사회적책임 S, 거버넌스 G)를 중심으로 정량화된 사회적 가치지표를 확대하여 성과유도와 참여도를 높였다. 둘째, 개인성과와 조직성과와의 연계성을 높이도록 철저한 업무분석과 KPI(핵심성과지표) 개발에 심혈을 기울였고, 셋째는 핵심 성과자에 대한 인센티브 부여 방안을 마련하여 조직발전 기여도에 대한 포상을 강화하였다.

우리는 지난 20년간 운영해온 BSC 성과관리체계를 매년 수정·보완하여 성과관리형 조직을 정착시키는데 큰 성과를 거두었다. 이 같은 성공은 과업중심의 일처리 방식과 객관화된 성과지표를 통하여 평가의 공정성을 확보한 것이 가장 큰 요인으로 분석된다.

BECO 혁신경영 이야기

몰입과제 선정

 한해를 마무리하고 새해를 맞이할 때 체계적인 사업 목표 달성, 혁신성과 창출, 사회적 가치 실현, 사업의 발전 등을 위한 업무계획을 수립한다. 각 부서의 주요업무계획이 수립되면 업무의 경중을 가릴 수는 없지만 목적사업의 안정적인 운영과 가성비 높은 경영혁신을 위해 최우선적으로 추진해야 할 사업을 선정한다. 그중에서 가장 핵심적이고 필수적인 당해 중요사업은 '몰입과제'로 선정해 특별관리한다. 이른바 과업중심의 시책추진 시스템이다.

 몰입과제를 선정하는 3가지 요건으로는 첫째 현안해결, 파급성 등 중요도가 고려된 업무, 둘째 예산절감과 안정적 목적사업 운영 등 당해 연도 개선성과 도출이 가능한 업무, 셋째 전년 대비 대외적으로 미래지향적이고 차별화된 혁신업무 등이다. 그 결과 2020년 주요업무 114건 중 20건, 2021년 주요업무 221건 중 32건을 채택하였다.

초기에 "몰입과제 운영이나 20가지 사업의 특별 관리가 무슨 의미가 있을까"하며 반신반의하던 태도들은 사업을 진행해가며 사라지기 시작했다. 몰입과제들의 추진상황, 성과, 문제점들을 해당부서에서만 고민하지 않고 보고회와 브레인스토밍을 통해 검토, 해결하고 발전을 위한 아이디어를 공유했다. 이는 당초 기대보다 더 큰 성과를 창출하여 몰입과제 20건은 부산환경공단의 2020년 대표사업이 될 수 있었다. 주요 내용으로는 대체약품 발굴, 동력비 절감, 공정개선 등을 통한 12억5000만 원/년 절감, 지역·기능 통합의 사업단 체계 구축으로 인력절감과 경영 효율화로 12억8000만 원/년 절감, 경력개발을 위한 직무이수제, 환경부 우수환경교육프로그램 지정 등 운영예산 절감 44억 원, 사회 기여 81억 원 등 총 125억 원/년 경영개선 효과를 나타냈다.

2021년의 몰입과제는 기업경영의 핵심화두인 ESG를 반영하였다. 목적사업과 예산절감뿐만 아니라 친환경 선도, 환경공기업으로서의 사회적 책임경영, 주민들의 경영참여와 지역사회와의 협력을 위한 지배구조 개선 등을 반영하여 부산환경공단의 대표 사업들의 성과를 시민이 체감할 수 있도록 차질 없이 추진 중이며, 경영개선 효과는 약 83억 원/년으로 예상된다.

우리는 몰입과제를 지속적으로 발전시켜 나가야 할 것이다. 수질사고 예방, 안정적인 소각처리 등과 같이 당연한 업무에 대한 성과도 중요하지만 공단의 발전 가능성을 이어줄 수 있는 도전적인 관점지향과 과업중심의 성공사례 창출로 하루하루 성장하는 환경 전문공기업의 우월한 경영 노하우를 확보하는 것이 관건이기 때문이다.

제2장

혁신문화 & 창의

BECO 혁신경영 이야기

직무이수제 도입

최근 다양한 신규사업 인수 운영에 따른 신입사원 채용이 늘어나고 MZ세대의 대거 유입과 베이비부머 세대의 퇴장 등으로 조직 내에는 새로운 형태의 인사, 직무관리 문제가 발생한다. 예를 들어 원치 않는 업무에 배치된 신입사원은 보다 적극적인 목소리로 직무 순환을 요구하고 역량이 부족한 간부에 대한 부하 직원의 인내심은 이전과 다른 수준이 되었다. 직무이수제는 이러한 현안에 대해 직무와 인사관리의 문제점을 해소하고자 제시된 인사관리제도다. 직원의 입사부터 간부로 진급하기 전까지 제도적으로 직무 순환을 유도하고, 필수적인 직무 경험을 이수함으로써 앞서 제기된 다양한 문제점을 해소하겠다는 다소 원대한 계획을 담아 시작됐다. 이를 위해 2020년 4월 직무이수제 도입 TF를 구성하였고 노동조합과 함께 직무별 직원 14명을 구성하여 직무 선정, 이수기준 등의 다양한 논의를 시작했다.

2020년 한해 동안 총 11번의 회의를 통해 1차 시행안을 만들었고 직무를 크게 4개(본부사무, 사업소사무, 일근, 교대)로 구분하고 직급별 기본 이수직무와 필수 이수직무를 지정하였으나 제도 자체를 이해하기 어렵다는 의견과 직무이수 회피전략, 부작용으로 문제를 재양산할 수 있다는 부정적 결론에 도달하게 되었다.

2021년 3월 중간보고회와 TF 회의(제13차)를 거쳐 적용 대상과 기준을 간소화하고 효과를 극대화할 수 있는 방향으로 재검토했다. 4급 이하 모든 직원들이 기본, 필수직무를 이수해야 하던 것에서 현재 문제가 되는 예비간부 역량 검증을 위해 상위직급(4~5급)일 때 본부 직무를 이수(2년 이상)하게 하고 입사초기(7~8급) 현장직무를 이수(1년 이상)하게 하는 것으로 간소화하였다.

이러한 새로운 제도의 도입은 조직 관점에서는 이득이지만 당장 개인 관점에서는 유불리가 있을 수밖에 없다. 직무이수제로 모든 인사문제를 해결할 수는 없지만 그럼에도 이렇게 숙의하는 것은 시행착오를 줄이기 위함이며 이 프로세스가 혁신의 또 다른 방법론이기 때문이다. 이것이 갖는 힘은 매우 크다.

이와 더불어 교육훈련 이수제도 활성화하기로 했다. 교육훈련이수제는 직급별 연간 의무교육 이수시간(3급 이상 30시간, 4급 40시간, 5급 이하 50시간)과 필수교육(안전교육훈련 2-5급 40시간, 6-7급 27시간, 8급 14시간, 청렴교육 5시간)으로 구성되어 있으며 교육시간 미충족 시 승진심사대상에서 제외하면서 교육훈련과 인사평정의 연계성을 강화하였다.

일신우일신의 기본자세는 배움에서 시작된다. 배우는 자보다 더 강한 자는 없다.

BECO 혁신경영 이야기

환경전문가 양성 '사내자격제도' 시행

　부산환경공단은 **별도의 재화나 용역, 생산하는 상품이 없다.** 하수처리장, 소각장 등 환경기초시설의 유지관리가 주된 사업이다. 이러한 목적사업은 그것을 운영하는 인력의 전문성이 관건이며 운영 인력의 전문성 확보는 언제나 현재 진행형 혁신과업이기도 하다. 공단은 인적자원 개발을 촉진하고 처리장 시설 운영에 적합한 맞춤형 지식근로자 양성이 필요하다는데 인식을 같이하고 자체 전문인력 양성을 위한 사내자격제도 도입을 추진하였다.

　2003년 공단 내 사내자격제도 도입을 위한 설문조사 및 컨설팅 용역을 시행하였고, 2004년에는 사내자격검정 내규를 제정하여 자격제도를 전면 체계화하는데 성공하였다. 2005년 사내자격제도 인증서가 교부되었으며 2006년 사내자격시험 3급 하수소각처리(OP)로 시작하여 2급 하수소각처리(EG), 1급 하수소각처리(MG)를 추가 도입하고 2010년까지 총

419명의 합격자를 배출하였다.

하지만 사내자격증 취득률이 높아지고 자격증 취득 교육의 실효성과 취득 대상자가 급격히 감소함에 따라 2011년 이후 잠정적으로 사내자격제도가 중단되었다. 그 후 신입사원의 급격한 증가와 기술 노하우 단절, 직무역량 감소가 우려됨에 따라 사내자격제도의 부활에 대한 심층 논의가 거론되었다. 2018년 NCS(국가직무능력표준)를 활용한 사내자격제도 전면 개편이 시작되었다. 효과적인 제도개발을 위해 사내자격전문기관에 위탁하여 용역을 기반으로 사내자격 스마트러닝 교육학습 운영 등을 준비했으며 공단 맞춤형 사내자격 추진을 위한 전담TF를 구성, 교재제작 및 문제출제 실무 등을 함께 추진하였다. 사내자격 스마트러닝은 공통(9차시), 하수(12차시), 자원 분야(11차시)로 구성되었으며 2개월 과정으로 총 32차시 사이버강의 형식으로 상시교육 프로그램을 개발하였다. 직원 설문조사를 통하여 자격 명칭을 '환경시설관리사'로 변경하였으며 한국산업인력공단에 등록하였다.

사내자격은 스마트러닝 이수 후 사내자격 시험응시가 가능하도록 하였으며 2019년 3급 201명, 2020년 3급 51명, 2급 16명, 2021년 3급 62명의 합격자를 배출하였다. 사내자격 취득 제고를 위해 부서장, 팀장이 솔선하여 사내자격 검정시험에 참여하고 부서 BSC평가 반영, 사후 설문조사를 통한 개선의견 수렴, 시험 성적우수자 마일리지 지급, 자격 취득자 장려금 지급 등으로 제도의 활성화를 추진 중이다.

전국 공기업 최초로 도입한 사내자격제도는 신입사원의 역량강화는 물론 공단의 인재상인 PING (P열정, I혁신, N소통, G글로벌)의 전략적 학습도구가 될 것으로 기대하고 있다.

BECO 혁신경영 이야기

긍정 아이콘(YES) 뉴노멀 워킹그룹 운영

코로나19 팬데믹으로 우리 일상의 많은 부분도 급속하게 변화하고 있다. 이러한 사회변화는 5G, 사물인터넷 등을 통한 초연결 네트워크 확장, 인공지능(AI), 로봇 등으로 대표되는 자동화 기술 도입, 비대면 거래, 가상현실 및 증강현실 등 기업 경영환경에도 많은 변화를 가져오고 있다. 이러한 시대 변화에 따라 새롭게 떠오르는 기준을 '뉴노멀(New Normal)'이라고 정의한다.

공단 내에서도 베이비부머 세대들의 퇴직, 신규직원 대거유입, 신규사업 확대 등으로 경영자원과 조직문화에 많은 변화가 일어나고 있다. 이러한 경영여건의 변화에 따라 공단은 혁신경영, 구성원 간 소통·공감 확대 등 다방면의 노력을 경주 중이다. 향후 20년 이상 공단에서 오래 근무해야 할 미래세대와 공감대를 형성하고 직장생활 및 업무체계에 대한 새로운 기준(뉴노멀)을 정립해야 할 시점에 와 있다.

미래를 위한 새로운 기준을 정립하기 위해서 공단은 미래세대를 중심으로 워킹그룹을 구성하여 3개 분야에 대한 의견수렴과 토론 활동을 전개하였다. 이른바 「YES! 뉴노멀 워킹그룹」이 바로 그것이다. YES는 워킹그룹을 운영하기 위한 긍정의 3가지 원칙으로 Y는 Young(젊음), E는 Easy(쉬움), S는 Surely(명확하게)로, 젊고 패기 있는 스마트한 세대가 트렌드를 반영한 새로운 일 방식의 접목과 개선, 업무관행 타파, 명확한 성과관리 등에 대한 경영에 참여하고 아이디어를 생산해내는 의미를 두고 있다.

활동 영역은 조직진단, 중장기전략, 혁신사무 등 조직의 새로운 기준을 정립하는 모든 업무가 대상이며 워킹그룹 구성원은 근무기간이 최소 20년 이상 남은 직원들을 우선적으로 모집하였다. 사내게시판을 통해 공개 모집하였으며 뜨거운 관심 속에서 33명의 정예 멤버를 확정하였다. 2020년 9월 24일 YES 뉴노멀 워킹그룹 랜선 발대식 행사를 가졌으며 코로나19 상황을 고려하여 비대면 소통, 비대면 임명장 수여식 등이 진행되었다.

워킹그룹은 업무, 전략성과, 조직의 3개 분과로 구성하여 각 분과별 우선과제 1건을 자율적으로 선정하여 새로운 기준을 정립하도록 하였다.

향후 뉴노멀 워킹그룹을 통하여 공단은 현재의 시대상황과 경영트렌드에 맞는 새로운 기준을 정립하고 발 빠르게 시행함으로써 변화하는 진화형 조직으로 거듭날 것으로 기대한다. 더불어 공단을 이끌어가야 할 미래세대들의 공감과 노력이 더해진다면 공단의 경영목표인 '시민과 함께, 미래를 여는 고품질 환경서비스 실현'을 달성하고 지속적인 경영 발전을 이뤄낼 수 있을 것이다.

BECO 혁신경영 이야기

불필요한 일 버리기 워크 다이어트(Work Diet)

불필요한 일 버리기의 목적은 비효율적인 업무관행을 타파하고 업무프로세스 개선, 소통과 토론을 통한 협업, 일하는 공간혁신 등 업무의 효율성을 향상하여 직원의 만족도를 높이고 이를 통해 급변하는 경영환경에 대응하고 조직의 경쟁력을 향상하기 위함이다. 추가적으로 우리가 습관적으로 행하고 있는 업무 중 불필요한 업무를 일몰하거나 개선을 통해 예산절감의 효과도 얻을 수 있다. 공단도 매년 불필요한 일 버리기 과제를 발굴하여 업무를 개선함으로써 상시적인 경영혁신 활동을 수행하고 있다.

불필요한 일 버리기 과제는 '일하는 방식 개선'에 대한 실행과제이다. 일하는 방식 개선을 위한 추진방향 3가지는 먼저 업무처리기준을 통일하고 불필요한 일 버리기(Work Better), 주민 경영참여의 내실화와 지역사회 문제 해결하기(Work Together), 스마트한 업무환경 구축과 조직 내

부경영 혁신(Work Smart) 등 세 가지 방향을 두고 추진하고 있다. 3가지 전략방향 중의 하나인 Work Better의 세부과제인 '일 버리기(Work Diet)'는 불필요한 업무에 대해 점검하고 없애버려서(Diet) 효율적인 시스템을 만들자는 것이다. 이는 담당자가 업무를 하면서(Work) "이 업무를 왜 이렇게 어렵게 해야 하나?", "이렇게 할 시간에 이 일을 없애면서(Diet) 시간을 조금 더 벌 수 있다면 얼마나 좋을까?"라는 생각이 드는 부분을 매년 발굴하고, 발굴된 과제 중 일 버리기를 통해 업무개선이 가능할 것 같은 일을 선정하여 사규 개정, 시스템 개선 등으로 이어지게 하는 절차이다.

  2020년에는 일 버리기 과제 25건이 선정되었고 단기적으로 개선 가능한 업무들은 즉시 개선하였다. 부서 간 협업, 베코넷 정보시스템 변경 또는 사규개정이 필요한 업무에 대해서는 시기별 맞춤형 업무개선을 꾀하고 있다.

  일 버리기 제도가 가지는 어려운 점은 일 버리기를 또 하나의 일로써 생각하는 자세이다. 개선을 위한 추가적인 노력(발굴, 검토, 개선)이 필요한데 이러한 과정도 하나의 업무 연장선으로 보는 인식이 있기 때문이다. 또한, 개인의 인식뿐만 아니라 개선을 추진하는 소관부서에서도 예산, 인력 부족을 이유로 해결되지 않는 경우가 생기고 계속적인 추적관리가 어려워 중장기적인 변화를 이끌어내지 못해 단기적인 업무가 되어 버리는 경우가 있다.

  이를 개선하기 위해서는 개인이 제출하는 과제에 대하여 소관부서에서 적극 검토하는 개선의지가 가장 중요할 것이며 과제의 지속적인 점검으로 제대로 된 업무의 다이어트를 실현해 나가야 할 것이다.

  조직이나 개인이나 다이어트는 이제 필수적인 행동 요소가 되었다.

> **BECO 혁신경영 이야기**
>
> ## 혁신과 협업 마일리지 제도

 기업은 다양한 팀 또는 부서가 각자의 역할을 수행하며 최종적으로는 기업의 발전이라는 목표를 지향점으로 움직이는 집단이다. 기업이 사회적으로 인정받고 경영목표를 달성하기 위해서는 부서 대 부서, 개인 대 개인으로 협업은 필수 불가결한 사항이다. 하지만 협업 정도는 부서 및 개인의 특성에 따라 차이가 날 수밖에 없다. 이렇듯 특정 부서가 하고자 하는 업무에 협력하는 개인들(부서)에게 성과에 대한 보상을 지급하고자 만들어진 제도가 마일리지 제도이며, 기업별로 다양한 이름과 형태로 운영된다.

 공단의 마일리지 제도는 다양한 변화를 거쳐 현재의 혁신 마일리지 제도(협업 마일리지)라는 명칭으로 운영되고 있다. 이것은 직원들의 직무수행에 대한 동기를 부여하는 것으로 경영활동에 있어 다양한 지식활동, 능동적인 참여, 중점시책 성과, 노력봉사의 4개 분야로 운영하고 있다.

전 직원은 한해 동안 참여 활동 실적과 협업정도에 따라 1인당 150포인트 이내에서 마일리지를 지급 받는다. 부서·담당자별 협업과제에 대한 증빙서류를 제출하면 총괄부서에서 신청 건을 심사하여 성과에 따라 마일리지를 제공하고 있다. 마일리지는 지역경제 활성화를 위해 부산 지역 화폐인 '동백전' 또는 온누리 상품권으로 지급하고 있으며 2020년에는 278명에게 1만4150포인트 상당을 지급하였다.

마일리지는 그야말로 본인에게 부여된 일을 제쳐 두고 조직발전을 위한 다양한 헌신과 다른 부서의 협업 정도를 기준으로 지급한다. 본인이 맡은 당연 직무는 마일리지 대상에서 일단 제외된다. 다만, 대외적으로 공단의 위상을 떨치거나 혁신적인 업무 성과가 있을 경우 이에 상당하는 마일리지를 지급받는다. 그러나 대부분의 마일리지는 부서 협업을 통해 참여할 경우 지급된다. 주로 행사참여나 타부서의 업무 협조와 관련한 경우가 많다. 좀 더 능동적이고 과감한 마일리지 제도를 운영하려면 매년 1500백만 원 정도의 기존 마일리지 예산을 대폭적인 수준으로 확대할 필요가 있다. 또한 본인의 직무 중 성과가 높고 타의 모범이 될 만한 소지가 있거나 객관적인 차별화가 되는 성과에 대해서는 업무의 동기부여와 시의적절한 인센티브 제공 차원에서 개선할 여지가 있다.

뉴노멀 시대에 발맞추어 다양한 변화가 요구되고 변화에 부응하기 위한 개인의 능동적 참여를 이끌어내는 것이 무엇보다 중요해졌다. 직원들의 적극적인 협업과 참여를 이끌어내 조직 발전에 기여할 수 있도록 혁신 마일리지 제도도 공급과 수요에 맞게 개선해나가야 할 것이다.

BECO 혁신경영 이야기

토크 콘서트 위캔(We CAN) 미팅과 정례조례 폐지

20년간 진행해오던 정례조례는 시무식, 종무식, 간부 퇴임식과 더불어 공단의 권위 있는 정기행사로 그 역할을 다해왔다. 정례조례는 3월부터 격월로 11월까지 연 5회 개최함으로써 직원표창 수여, 이사장 말씀 등 식순에 따라 다소 수직적이며 일방통행의 전달식 행사로 꾸며져 있었다.

2018년 부임 후 직원과 허심탄회하게 소통하고 노사가 함께 화합하며 현안에 대해 이야기 나누는 자리를 마련하고 싶었다. 그 대안으로 도입된 것이 바로 위캔(We CAN) 미팅이다. 기존 정례조례의 권위적이고 수직적인 진행방식을 탈권위적·수평적 분위기로 전환하고 토크쇼 형식의 직원 소통행사로 전환하였다.

위캔 미팅은 2019년 3월을 시작으로 공단의 다양한 주요현안을 공론화하여 CEO와 직원이 소통하는 장으로서 그 역할을 톡톡히 해오고 있다. 다루기 껄끄러운 주제도 도마 위에 올려 노사가 함께 귀 기울여 고민하는 장을 마련함으로써 공단은 개방적·수평적 분위기로 한 발 더 나아가게 되었다. 2020년도에는 코로나19로 인해 행사 개최가 어려웠지만 공단은 2021년부터 비대면 방식을 위캔 미팅의 진행 원칙으로 채택하여 소통의 장을 이어나가고 있다.

그러나 많은 직원이 한 자리에 모여 정해진 주제에 대해 토의하다 보면 예상치 못한 새로운 문제점도 드러나고, 그에 따라 회의 진행시간 또는 행사의 마무리가 순조롭지 못할 경우도 있기 마련이다. 이는 향후 다시 집합행사로 전환될 경우 보다 매끄러운 행사진행을 위해 개선해 나갈 부분이다. 또한 비대면 회의개최가 장기화할 경우 영상 및 음성의 안정적 송수신을 위한 비대면 시스템 안정화 기술도 개선해야 한다.

20년간 진행해오던 정형화된 정례조례 양식을 탈피하여 직원격려와 소통을 위한 새로운 방식의 정기적인 회의를 개최하는 일은 쉽지 않은 도전이자 선택이었다. 그 기대에 부응하듯 위캔 미팅은 공단의 주요 현안에 대한 토의에 문화행사를 가미해 진행하는 구성으로 노사가 함께 즐길 수 있는 토크콘서트로 자리매김하여 3년째 그 맥을 이어가고 있다. 연말에는 위캔 미팅의 3년간 실적을 돌아보고 직원 설문조사를 통해 진행 방식을 개선하는 등 한층 더 발전된 소통행사로 정착되도록 개선·보완할 예정이다.

> BECO 혁신경영 이야기
>
> # 울트라짱 「바보 공작단」 탄생

베이비부머 세대가 퇴장하고 있다. 그 자리에 첨예한 경쟁을 뚫은 90년 대생이 들어서고 있다. 꼰대와 신세대가 한 공간에서 다양한 이해관계를 형성하며 의사결정을 하고 공동의 목표를 위한 직무활동을 수행한다. 앤 해서웨이와 로버트 드니로가 주연한 영화 「인턴」을 본 적이 있다. 젊은 여성 CEO가 운영하는 회사에 정년퇴직 한 꼰대가 인턴으로 입사하면서 겪는 좌충우돌의 케미가 쏠쏠하다. 지금 우리 회사의 일상과 겹치는 장면이 많아 인상이 깊었다.

시스템을 작동시키는 주체는 회사의 구성원이다. 시스템 근간은 사람이다. 사람이 움직이면 그것이 시스템이 된다. 그 사람의 생각과 실행력이 바로 시스템이다. 무엇보다 조직문화는 업무의 생산성과 효율성, 지속가능성에 큰 영향을 미친다. 세대간 갈등과 격차를 좁히는 길이 현재로써는 관건인 셈이다.

바보공작단, 그 이름이 재기발랄하다. BABO는 'Beco(부산환경공단) Ace들의 발칙한 영상'의 앞 글자를 줄인 말이며, 바라볼수록 보고 싶은 사람이라는 중의적 의미도 담겨 있다. SNS시대 유튜브 제작을 위한 '바보공작단'을 자율적으로 조직하고 보다 전문적이고 트렌디 한 영상 콘텐츠로 대 시민 경영성과와 환경 홍보자료를 제공하는 한편, 내부적인 조직문화의 소통채널로 그 영역을 확대코자 하는 방안에서 추진된 사내 신세대 커뮤니티 공작단이다.

모든 프로그램의 주제와 콘텐츠는 자율적으로 기획·제작 한다. 활동인원은 각 분야별 전문성과 소질을 고려하여 5년차 이내 새내기 위주의 15명 내외로 구성되어 있다. 정기적인 미팅을 통해 콘텐츠 구성과 제작방향을 설정한다. 수요자 중심의 콘텐츠를 지향하되 메시지는 짧고 정보는 듬뿍 담는다. 비예산 사업으로 누구나 자율참여를 원칙으로 하되 제작실비는 전액 회사에서 지원한다. 개인정보 및 초상권 보호는 물론 모든 기획과 각본, 출연, 촬영, 편집 등은 직원들의 재능기부를 통해 제작한다.

이러한 활동계획에 따라 자체 제작한 5편의 영상은 최단 시간 4만 뷰의 조회수를 기록하는 기염을 토했으며 제작과정을 통해 사내 세대 간, 계층 간의 이해관계를 숙성시키고 고참 직원의 참여를 유도함으로써 조직 내 화합과 이해도를 증진시키는 촉매제 역할을 톡톡히 하는 계기가 되었다. 또한 시민 환경교육, 회사의 경영정보를 시민에게 신속하고 재미있게 제공함으로써 정보의 접근성과 편의성을 확대하는 성과도 보여주었다.

재기발랄한 바보공작단이 조직 문화를 융숭하고 탄력 있게 만드는 불쏘시개 역할을 충분히 해냄으로써 무형의 자산을 하나 더 늘렸다는 생각에 마음이 뿌듯하다.

제3장

혁신성과 &
공공성 추구

BECO 혁신경영 이야기

하수처리 운영 일원화 및 관로의 통합관리

공단은 2000년 수영·강변·남부 3개의 하수처리시설을 시작으로 2001년 녹산·신호, 2002년 서부, 2004년 해운대, 2005년 중앙, 2006년 기장, 2009년 정관 등 10년간 6개 공공하수처리시설을 인수하였으며, 2019년 일광, 2021년 민간에서 운영 중이었던 영도 및 동부를 인수함에 따라 20년 만에 부산시에서 운영하는 13개 공공하수처리시설에 대한 운영·관리권의 일원화를 달성하였다.

시설운영에 대한 관리를 일원화함으로써 책임경영을 통한 각 처리시설 상호간 기술공법의 공정 연계 등 시너지 효과를 극대화하여 경영개선이 크게 이루어질 것으로 전망하고 있다. 이러한 환경기초시설의 운영권을 일원화하는 것은 그동안의 운영기술 능력과 경영성과를 높이 반영한 결과이며, 특히 환경기초시설은 공공성이 강한 공익시설로 공공의 영역으로 관점이 변경되고 있다는 반증이기도 하다. 환경은 곧 시민의 삶의 질과 연동되기 때문이다.

하수처리에 있어 하수관로는 핏줄과 같은 역할이다. 부산시에서는 2018년까지 하수관로 공사는 '건설기술진흥법 시행령' 제55조의 감독 권한대행 등 건설사업 관리를 하는 공사(사업비 50억 원 이상)는 부산시 건설본부에서 시행하고 그 외 공사는 부산시 생활수질개선과 또는 구·군 하수담당부서에서 하수관로 보수공사를 시행하였다.

BTL(임대형 민간투자) 사업과 오수관로의 업무 이해도가 다소 부족한 구·군(공사 시행기관)에서 보수공사를 시행할 경우 공사 완료 후에 부산환경공단(시설운영기관)에 시설물을 이관할 때 지속적인 업무 충돌과 시설물 미이관 현상이 발생하여 유지 관리하는 공단 입장에서는 본 사업의 관리체계가 여간 곤혹스러운 게 아니었다. 이러한 문제를 개선코자 공단에 공사감독 업무를 위탁하여 이관 절차 간소화, 공사완료 후 직접 유지관리토록 감독업무 위탁방침을 부산시와 부산환경공단 상호 협의를 통해 결정하였다. 결국 BTL사업을 포함한 시공감독 업무와 유지관리 업무에 대한 통합운영 업무의 경험을 축적하고 인력 전문화를 통한 관련 사업의 완성도를 제고하는데 주력한다는 방침이다.

2019년부터 하수관로 공사에 있어 부산시는 설계용역 일괄, 계약 전 관련업무 수행을 맡고 부산환경공단은 실시설계 용역, 공사 계약 전 검토 및 공사 계약 후 감독업무 수행을 담당하는 것으로 부산시와 공단이 업무프로세스 세부기준을 마련하였다. 이 기준에 따라 미 이관 노후 오수관로 정비사업(1단계 2차, 2단계) 78억 원, 명지 노후압송관로 정비공사 11억 원, 녹산 방류관로 피복석 정비 공사 3억 원 등 총사업비 92억 원을 2020년까지 집행 완료(준공)하여 부산광역시와 공단에서 합동점검 후 시설물관리를 이관했다.

  단일 사업의 기획, 설계, 시공, 유지관리 업무가 하나의 시스템 안에서 유기적인 선순환 구조를 갖는 것이 가장 좋은 방편이나 그렇지 못할 경우 상호 이해관계자와 소통과 업무분석을 통해 조정기능을 십분 발휘, 사업운영의 효율성을 꾀하는 것이 경영의 기본 원칙이 아닐까 한다.

BECO 혁신경영 이야기
찾아가는 처리장 공정지킴이

　공단은 「물환경보전법」, 「하수도법」에 따라 하수처리시설 방류수 처리수질 기준을 준수하는 것에서 더 나아가 기준의 50% 수준까지 강화된 자체 목표를 설정하고 하수 처리수를 방류하고 있다. 이러한 성과는 '찾아가는 처리장 공정지킴이' 활동을 운영하여 13개의 하수처리시설에 대한 방류수 처리효율 제고를 위해 노력하고 있기 때문이다.

　2020년 '찾아가는 처리장 공정지킴이' 주요 내용은 하수처리의 수질 이상을 대비하기 위한 본부 대응반 구성, 사업소 단위공정별 물질수지(物質收支) 및 체류시간 파악, 생물 반응조 질산화율 및 질소제거율 파악, 질산화 영향인자 파악 등이 있다. 이러한 관리 인자를 통해 수질이상 사업소에 대한 생물반응조 생태독성 분석, 폐수유입 의심지점 중금속 긴급분석 및 그 결과에 따른 공정검토 긴급회의 등을 통하여 총 10건에 대해 사전 위험요인을 예방한 성과가 있다. 또한 강우 시 물량증가 대비 운영매뉴얼 보완, 생물반응조 수질분석 항목(NH_4-N, NO_3-N 등)의 운영데이터 축적, 생물반응조 질소제거율 점검에 따른 영양 밸런스 조절 등의 활동을 통해 하수처리의 효율을 제고하는데 기여하고 있다.

2021년에는 '공정리스크 집중관리'를 통해 수처리 주요 공정인자 및 운영범위를 '양호, 주의, 경보'의 3단계를 설정하여 기준을 초과할 경우 단계별 적정한 솔루션을 제공하도록 셋팅하여 운용하고 있다.

하수처리는 하수처리장에서만 하는 것이 아니라 하수유입 이전의 단계에서 어느 정도 적정한 처리가 이루어지도록 상호 협력적인 거버넌스가 반드시 필요한 분야이다. 20년간 하수처리 노하우를 바탕으로 처리시설 인근의 소규모 폐수배출 업체에 상생을 위한 수질관리 협력 거버넌스를 구축하여 운영 중이다. 이러한 활동은 사회적 가치 창출을 위한 혁신계획과 연동하여 실행한다.

소규모 업체의 가장 큰 애로사항은 수질분석과 처리기술에 있다. 공단은 이러한 애로점을 파악하고 현장을 지원코자 보유한 실험실 공유와 장비제공, 현장기술 교류 등 폐수배출업체와 공유하는 '하수처리 수질관리 협력거버넌스'를 운용한다. 특히 고가의 실험장비로 총유기탄소(TOC) 수질 분석을 지원하는 등 상생과 협업의 관계를 유지하고 있다. 아울러 공공자원의 인력풀 지원과 정기적인 협업간담회, 기술정보 연찬회 등을 통하여 업체의 운영경비 부담을 줄이고 부족한 현장기술을 보완해주는 데 그 역할을 톡톡히 한다. 결국 내부와 외부에서 하수처리를 위한 상호 협력적인 공정관리가 이루어져야만 공공의 수생태계 보전이 유지관리 되고 더욱 증진될 것이다.

BECO 혁신경영 이야기
슬레이트 제거, 석면 없는 지붕 만들기

  1군 발암물질인 석면을 고함량 함유한(10~15%) 슬레이트는 1970년대 초 새마을 운동 당시 지붕재로 집중 보급되었으며, 2013년 슬레이트 전수 조사결과에 따르면 부산시내 4만 7572동의 슬레이트 건축물이 남아 있다.

  슬레이트는 내구연한(30년)을 초과해 삭으면 석면이 흩날리면서 호흡기를 통하여 체내에 침투하게 되고 이로 인한 폐암, 석면폐증 등의 질환을 일으킨다. 이런 이유로 환경부에서는 2012년부터 석면 슬레이트 철거·개량사업을 지원하고 있다.

  2016년 12월에 환경부 슬레이트 처리 국고보조사업 업무처리지침이 개정됨에 따라 기존에 한국환경공단에서 시행하던 사업을 2017년 3월부터 부산시, 16개구(군)와 위·수탁 협약을 맺어 지방공기업 최초로 유일하게 부산환경공단에서 사업을 추진하고 있다.

이러한 석면 슬레이트 사업은 환경적 측면에서 환경공단이 필수사업으로 추진해야 할 사업영역이다. 사업 다각화 차원에서 새로운 환경사업의 출발 단추를 끼운 점에 큰 의미가 있다고 할 것이다. 우리 공단 슬레이트 처리 지원사업 인력은 총 5명(일반직1, 공무직3, 기간제1)이며, 2021년 6월 말 기준으로 그간 166억 원의 예산으로 5567가구의 슬레이트 지붕을 철거하였다.

슬레이트 처리 지원사업은 신청자에 한하여 슬레이트 지붕철거(개량)가 이루어지며 부산시 전역에 산발적인 사업신청(추진)으로 소규모 마을 등 일정 지역에는 아직도 슬레이트 지붕이 남아 있다. 이러한 한계점을 해소하기 위하여 소규모 슬레이트 잔류지역(마을)을 선정한 뒤 신청자들에게 자부담 비용을 지원해주는 방식으로 슬레이트 지붕개량 시범마을 조성사업을 추진하였다. 2021년 제1호 지붕개량 마을로 기장군 마지마을을 선정하여 총 50가구가 살고 있는 작은 마을 내 슬레이트 지붕에 거주하고 있는 주민 12가구에 대하여 일괄적으로 지붕철거(개량)를 완료하였다.

아울러 '소외계층 행복 가득한 지붕 만들기 지원사업'은 석면 슬레이트 철거와 지붕개량의 자부담 비용을 충당하지 못하는 홀로어르신, 저소득층 등 소외계층에 대해서 3개 민간기관과 공단이 협업하여 지원하였다. 국제로타리, 부산은행, 세정나눔재단과 상생협약을 통하여 2020년 기준 총 72동에 7560만 원을 소외계층 주거환경 개선사업에 지원함으로써 함께하는 환경공동체 가치실현을 주도하였다.

> BECO 혁신경영 이야기
>
> 도로 위 재비산먼지
> 저감사업

    정부는 그간 미세먼지의 심각성을 인식하고 2016년 6월 3일 '미세먼지[*] 관리 특별대책'을 시작으로 2017년 9월 26일 '미세먼지 관리 종합대책', 2018년 8월 '미세먼지 저감 및 관리에 관한 특별법'을 제정하였다. 이에 부산시는 2018년 11월 '미세먼지 줄이기 종합대책'과 '부산광역시 미세먼지 저감 및 관리에 관한 조례'를 제정한 바 있다.

    공단은 정부와 부산시의 미세먼지 저감 정책에 맞추어 광역시 최초로 공단에서 도로 위에서 재비산 되는 먼지 저감사업을 시작하였고 2016년 8월 30일 '도로재비산먼지[**] 저감사업단' 발대식을 가졌다.

    초기에는 도로 위 재비산 먼지 저감차량 14대(도로먼지흡입차 10대, 도로

---

[*] 미세먼지 : 대기 중에 떠다니거나 흩날려 내려오는 입자상 물질로 일반적으로 크기가 10㎛ 이하의 물질
[**] 도로 위 재비산먼지 : 주로 타이어 가루, 배기가스 등 유해성분이 도로 위에서 대기 중으로 다시 비산 되는 먼지를 말함

물청소차 4대)로 6차선 이상 도로를 대상으로 166㎞, 32개 노선을 운용하였다. 이후 2017년 도로 위 미세먼지 먼지흡입차 20대, 2019년 도로 위 미세먼지 흡입차 15대, 2020년 친환경차량인 CNG차량 5대를 구매하는 등 꾸준한 증차를 통하여 총 54대의 도로 위 재비산 먼지 저감차량을 운용하고 있다.

특히 2019년에는 소형차량 10대를 도입하여 기존 6차선 이상 간선도로 지원을 4차선 이면도로로 확대하는 계기가 되었으며, 4차선 이면도로 작업으로 미세먼지 취약계층(소아, 노년층 등)을 집중적으로 지원(24개소 →209개소)할 수 있게 되었다. 또한, 기존 도로 위 재비산 먼지 저감사업은 동·서부시설사업소 산하 도로환경팀에 속하여 관리 주체가 일원화 되지 않는 문제를 개선하여 2020년 조직개편을 통해 미세먼지차량사업소가 신설되어 어엿한 사업소 체제로 확장되었다.

이러한 도로 위 재비산먼지 저감사업은 160개 노선, 471㎞를 대상으로 안정적인 사업운영을 통하여 2020년 한해 41만㎞ 작업, 305t의 미세먼지를 수거하는 성과를 얻었다. 또한, 본연의 목적사업인 도로 재비산먼지 저감작업 외에 부산시의 각종 재난·재해(폭염, 수해복구 등) 대응에 가용자원을 동원하여 지원하고 있으며, 2020년 코로나19라는 감염병의 대유행에 따라 도로 물청소차 4대를 투입하여 방역지원을 실시하고 있다. 2021년 6월 현재 선별진료소 인근 도로 2만2314㎞, 2만4481t 지원하였다.

도로 위 재비산먼지 저감사업은 부산시민을 대상으로 한 흡입차량 네이밍 공모를 통해 선정된 '푸릉이'라는 새 이름으로 시민들에게 한층 더 다가가 부산환경공단만의 특색 있는 사업으로 자리매김 할 예정이다.

> **BECO 혁신경영 이야기**
>
> 학교 분류식 하수관로
> 연결사업 추진

하수관로에는 분류식과 합류식이 있다. 오수만 유입되어 하수처리장으로 들어오는 분류식과 빗물이 함께 유입되는 합류식이 있다. 이러한 합류식과 분류식은 각각의 장·단점이 있어 부산공공하수처리시설의 운영, 공공수역의 수생태계 보전 등에 미치는 영향 관계를 따져 분류식 하수관로를 확충해나가고 있다.

부산시에서는 하수관로 분류식 확충사업에 약 1조4000억 원 정도를 투입하는 연차별 대형 사업을 추진 중이다. 그러나 학교에서 배출되는 정화조 시설의 오수가 대부분 분류식 관로에 미 연결(합류식)되어 사업효과가 저감될 뿐 아니라 갑작스러운 폭우 시에는 다량의 빗물이 합류식 관로를 통해 하수처리장으로 유입되는 등 오수 관리에 적잖은 어려움을 겪고 있다.

학교의 분류식 관로의 직연결사업은 그동안 부산시교육청에서 추진하고 있었으나 행정절차의 어려움과 예산사정 등으로 연간 4~5개교에 불과하여 사업이 지지부진하고 하루 6만1320㎥ 정도 하수 발생으로 우천 시 공공수역 오염원이 될 수도 있어 공단에서 적극적으로 '분류식 관로 직연결사업'을 제안하였다.

이 제안에는 부족한 예산과 행정절차 등에 대한 지원 확보방안을 협업하고 부산시, 부산시교육청, 부산환경공단이 상호 양해각서(MOU)를 체결(2019.8.12)하여 본 사업이 원활히 추진되도록 하였다.

'학교 분류식 하수관로 연결 협업사업'은 부산시 소재 학교 및 기관 448개소 전체를 대상으로 총 사업비 약 1085억 원(206억 원/년). 사업기간 7년(2019년~2025년)으로 기관별로 역할분담을 하였다. 공단은 물재생사업처(관로관리팀)에서 사업계획 수립 및 공사 지원, 시설물 인수 및 유지관리를 담당하기로 하였다.

돌이켜 보면 사업 초기에 본 사업의 필요성 및 효과 등은 모두 공감하였으나 독립된 3개 기관의 역할과 이해관계가 상이하고 1000억 원이 넘는 대규모 사업의 예산확보, 사업 지속성 등 실현 가능성에 다소간의 의구심으로 협업의 어려움이 있었다. 그러나 관로 시설물을 유지 관리하는 우리 공단은 확고한 의지와 필요성을 끝까지 설득하여 협업이 필요하다는 데 인식을 같이했다. 그 후 초·중·고등학교의 내부 공사비 등 사업비 전액을 국비(내부 사업비 383억 원) 지원을 받게 되었고 코로나19의 팬데믹 상황에서 건설경기 부양효과, 일자리 창출 등에도 기여하는 일석이조의 효과를 가져왔다. 또한 기관별 협업을 통한 도시·학교 환경개선을 위한 전국 최초의 모범 사례로 파급 효과도 클 것으로 기대된다.

BECO 혁신경영 이야기

하수처리용 약품관리제도 혁신

하수처리장에는 하수를 처리하는데 필요한 여러 종류의 성분을 가진 다양한 약품을 사용하고 있다. 하지만 약품관리에 대한 인식은 많이 부족한 편이다. 이로 인해 2018년 시의회 행정사무감사를 통해 지적을 받게 되었으며 약품의 운영과 더불어 관리의 중요성에 대해서도 경각심을 가지는 계기가 되었다.

공단은 보다 체계적이고 효과적인 약품관리를 위해 2018년 11월부터 약품관리 방안에 대한 고도화 추진계획을 수립하게 되었다. 그 첫 번째 주자가 약품관리 기틀을 마련하기 위한 '약품관리 3S 운동' 추진이다.

3S 운동이란 약품관리에 있어 관리를 전문화(Specialization)하고, 약품의 규격 등을 표준화(Standardization)하며, 작업방법을 단순화(Simplification)하여 생산성을 향상시키는 시책으로 각 영문의 앞머리 글자를 따서 만든 용어이다. 3S 운동 추진을 통해 기존에 운영하던 「약품구

매 매뉴얼」을 「약품구매 업무처리지침」으로 전면 개정하여 관리의 강제성을 어느 정도 확보하도록 했다. 약품의 분류 체계도 약품 지출비중에 따라 5대 약품(고분자응집제, 무기응집제, 외부탄소원, 차아염소산나트륨, 기타약품)으로 구분하여 표준화하였고 본사에서 일괄로 추진하는 단가계약 대상품목을 3종에서 5종으로 확대하여 구매 절차도 단순화했다.

앞서 추진한 시책 기반과 연계하여 2020년에는 본격적인 성과창출을 위한 전문적인 약품관리를 위한 '高PRO 약품관리 추진전략'을 수립하여 현장 맞춤형 절차(Process)를 개선하고, 가성비가 우수한 대체(Replacement) 약품 발굴과 활용으로 예산절감은 물론, 각 부서의 의견(Opinion)을 청취하여 소통 협업의 성과를 제고하였다. 이런 일련의 노력으로 2년간 18억 원 이상의 약품비용을 절감할 수 있었으며 '高PRO를 통해 한 눈에 보는 약품맵'을 제작·설치(38개소)하여 현장에서의 약품 이해에 대한 직무교육용 자료로 활용할 수 있게 하였다.

더 나아가 약품관리 이해증진과 원가절감 의식제고에 힘입어 다양한 형태의 약품비 절감사례도 이어졌다. 코로나 상황으로 산업경기가 침체되자 수처리용 외부탄소원의 수급이 불안정해지고 물량 재고부담의 업체 관리비용이 증가하는 것을 역발상의 아이디어를 제공하여 외부탄소원(RCS5) 5년간 무상공급 협약을 체결하였다. 이 결과 연간 6억8000만원의 외부탄소원(RCS5) 구입비용을 절감할 수 있게 되었다.

어디든 약은 잘 쓰면 보약이고 잘못 쓰면 독약이 된다. 관리도 마찬가지다.

제4장

기술혁신 & 협업

BECO 혁신경영 이야기

뉴턴(New Turn) 기술혁신 프로젝트

 2019년 제5기 중장기 경영전략 수립으로 기술혁신 CEO 경영방침이 확정됨에 따라 2020년 새로운 혁신시책으로 '뉴턴(New Turn) 기술혁신 프로젝트'를 추진하게 되었다. 환경전문 공기업으로서 역량 강화와 현장중심의 기술혁신을 활성화하고자 추진된 사업이다.

 공단 설립 20년간 축적된 환경기술 전문노하우와 연계하여 새로운 패러다임 전환(New Turn), 떨어지는 사과에서 중력을 발견한 뉴턴(Newton)식 혁신사고, 환경전문 신기술(New Tech)을 적용하여 '기술이 미래다, 기술자가 리더다'라는 슬로건 하에 기술혁신 프로젝트를 추진하였으며 공단 맞춤형 기술혁신의 개념을 재정립하고 원가절감, 기술선도, 관행타파, 리스크 관리의 4대 TURN 분야 기술혁신을 위한 부서별 과제를 발굴·추진하였다.

 부서별로 제출한 제안과제는 2회에 걸친 과제심화 토론회를 통해 제시된 의견을 수정·보완하였으며 각 토론 패널의 채점 결과에 따라 일부과제는 변경 또는 추가 제출되어 16개 의무과제 및 5개 자율과제가 확정되어 추진되었다.

뉴턴(New Turn) 기술혁신 추진과제는 상·하반기 2회에 걸친 추진상황 보고회를 통해 체계적으로 관리되었으며 2020년 12월 최종성과 보고회를 통하여 과제별 추진성과를 검토·분석하였다. 뉴턴 기술혁신 과제 21건을 추진한 결과 연 13억 원 상당의 예산절감 및 사회적 기여 효과가 있었으며, 맨홀뚜껑 개폐기 장치개발 등 기술개발과 일하는 방식 혁신 등 다수의 우수사례를 성공적으로 도출하였다. 평가를 통해 상위 3개 우수부서, 과제별 우수 직원에 대해서는 BSC(균형성과표)의 부서지표와 개인 성과지표에 가산점을 반영하고 이사장 표창, 포상금 등으로 파격적인 인센티브를 제공하였다.

2020년에 이어 2021년에는 향후 10년 동안의 공단 발전을 위한 기반을 만들도록 '인식, 생각, 기술의 Turn On'을 주제로 선정하였으며 그간 성과 위주의 사업추진에서 다소 부담감을 느끼는 신입직원의 입장을 고려하여 원인파악, 개선방안 도출, 실제 현장적용까지 일련의 과정을 신입직원과 선배직원이 함께 참여할 수 있도록 배려하였다. 최종 평가는 정량화된 기준, 외부인사 참여와 분임조 활동에 대한 가산점을 부여 등 보다 적극적인 협업과 참여 동기를 유도하는 데 중점을 두도록 개선하였다. 그 결과 2020년 21건(13억 원)에서 다소 줄어든 18건(10억 원)의 과제를 선정하였으나 신입직원들이 자연스럽게 기술을 습득하고 이들에게 더 많은 기회를 제공하는 등 지속가능한 기술혁신의 동력을 확보하는 데 큰 의의가 있다고 할 것이다.

BECO 혁신경영 이야기

「그린뉴딜」 지역협력 사업

환경공단은 환경사업이 주된 목적사업이다. 그린뉴딜과 밀접하다. 정부정책의 '그린뉴딜'은 지구온난화, 이상기후, 온실가스 감축 등과 같이 전 세계적으로 대두되는 시대 흐름에 선제적 대응을 위한 정책이다.

공단은 2020년 정부 '그린뉴딜' 추진 이전부터 시민과 함께하는 친환경도시조성을 위해 환경기초시설에 대한 신재생에너지시설 확대, 깨끗한 환경기초시설 운영을 위한 연구를 추진하여 그간의 경험을 기반으로 '저탄소 녹색성장'이란 현재의 흐름을 이어가고 있다.

태양광 발전시설은 2008년 녹산하수처리시설에 157kW 설비 설치를 시작으로 현재 37개소 1만8275kWh으로 부산시 산하기관 중 최대 용량을 확보하고 있다.

최근엔 하수·음식물 처리과정 발생되어 버려지던 소화가스를 활용을 위해 적극적인 민간투자사업 유치 활동, 각종 국비보조사업 응모를 통하여 확보된 예산으로 2016년 부산시 최초의 강변 연료전지발전시설(1200kW)설치, 2020년 강변 소화가스발전시설(1400kW), 생곡음식물처리시설 발전시설(495kW)등 총3개의 소화가스 발전시설(3만95kW)을 설치 운영하고 있으며, 2022년까지 남부(600kW), 녹산(800kW) 발전용량 설치가 예정되어 있다.

또한 하수찌꺼기에서 발생하는 소화가스 활용범위를 확대하고자 2015년엔 수영하수처리시설에 메탄가스 정제시설을 설치하여 도시가스로 시민들에게 공급하고 있다. 하수처리공정 중 30~40%의 에너지를 소모하는 송풍기 전력사용량을 최소화할 수 있는 고농도 폐수처리공법인 단축질소처리(아나목스) 공법 연구와 생곡 하수찌꺼기 건조화시설 폐수처리시설의 공정개선 연구를 자체적으로 수행하고 있으며, 'TOC제어시스템 개발' 연구는 2020년 10월 정부 '그린뉴딜100 유망기업' 중 환경부에서 추진한 녹색성장기업 성장지원사업에 선정되어 국비 30억 원을 확보하는 성과를 거두었다.

아울러 공단은 각 사업장에 110건의 파일럿 플랜트(Pilot Plant) 테스트베드를 제공하고 있으며 다양한 산학관 협업연구시스템을 구축하고 신기술 사례발표와 신기술 인증, 지식재산권 확보 등으로 이어져 지역의 우수한 환경기술 개발의 산실이 되고 있다. 최근에는 부산대 등 지역대학과 연계한 소화조 운영효율 개선을 위한 미생물분석기법 도입, 각 공정 운영별 빅데이터 구축, 머신러닝, 전산유동해석 등의 사물인터넷(IoT) 기반 최신 기술도 접목하고 있으며 그 결과 녹산사업소 S-EMS(에너지관리시스템) 도입 등 환경기술에 있어 정부의 디지털 뉴딜 정책에도 동참하고 있다.

> **BECO 혁신경영 이야기**
>
> 지역 환경기업의
> ODA 사업 지원

공단의 비전에는 '글로벌 환경공기업'이라는 명칭이 들어 있다. 한정적인 자원과 여건에서 미래 발전을 위한 글로벌 마인드, 글로벌 기준, 글로벌 사업을 염두에 두지 않을 수 없다. 이런 측면에서 공단이 글로벌로 나아가는 발판으로 삼은 게 ODA 사업이다.

ODA(공적개발원조, Official Development Assistance) 사업은 선진국의 정부 또는 공공기관이 개발도상국의 경제 사회발전과 복지증진을 위하여 국제기구 또는 해당 수원국에 현금이나 물자, 서비스를 상환조건 없이 무상으로 제공하는 원조라고 보면 된다. 대부분의 ODA 사업은 중앙정부 주도로 추진된다. 부산은 일부 대학에서 해양이나 수산, 영상분야에서 수원국 연수생 초청사업으로 인적 교류에 국한되어 사업진행이 이루어지는 정도이다.

공단은 2019년 11월 부산에서 개최된 한·아세안 특별정상회의를 계기로 부산지역의 물환경기업 해외진출을 돕기 위한 사업의 일환으로 ODA 사업을 추진하는데 관심을 가졌다. 특히, 공단 이사장이 주재한 '지역 물환경기업 해외지원사업 ODA 협업기업과의 간담회'를 개최하여 4건의 사업을 발굴하였다. 그중 '베트남 빈투안성 가축 분뇨 자원화사업(50억 원)'이 한국국제협력단(KOICA) 공동기획 대상사업으로 최종 선정되었다. 선정된 대상사업에 대해서 2019년 9월과 2020년 1월 총 2회에 걸친 현지조사를 실시하였으나 베트남 중앙정부의 공식사업요청서가 제출되지 않아 사업이 최종 중단되는 아픔이 있었다. 2020년에는 전년도의 실패를 교훈 삼아 부산시와 공단이 공동으로 부산지역 내 환경기업 협업을 통해 5건의 사업을 발굴하여 외교부(KOICA)에 공동 제안하는 형태로 참여하였다. '인도네시아 보고르군 정수 인프라시설 구축사업(59억 원)'은 KOICA에 사전설명(7월)과 외교부의 1:1 협의과정(8월)을 통해 2020년(22년) 정부부처 제안사업 중 KOICA 공동기획 대상사업에 부산시 최초로 선정되었다. 그러나 전 세계적으로 유행하는 코로나19로 인하여 현지조사 연기 결정을 내려야 하는 아쉬움이 있었다.

ODA 사업을 통해 글로벌 마인드 감각과 업무 프로세스 등을 익히고 관련국가, 정부정책에 대한 이해도를 높이는 학습효과를 얻었다. 또한 글로벌 과업에 대한 지속가능한 프로세스가 작동되도록 부산시와 부산환경공단이 주축이 되어 부산ODA정책협의회가 구성되었고 부산지역의 우수한 물환경기업의 해외 판로 개척에 대한 브리핑을 정책협의회에 발표하는 등 글로벌 진출을 위한 첫 발을 내딛는데 디딤돌 하나를 놓은 것에 만족해야만 했다. 앞으로 글로벌 도약을 위해 인력, 예산, 사업역량을 재정비하여 새로운 출발을 모색하는 시점에 와 있다.

BECO 혁신경영 이야기

온실가스 감축과 신재생 에너지 만들기

공단은 급변하는 기후변화 위기에 대응하고자 체계적인 온실가스 감축을 위하여 2011년부터 2014년까지 온실가스·에너지 목표관리제를 추진해왔으며, 2015년부터 현재까지 온실가스 배출권거래제에 부산시 산하 폐기물 부문 할당업체로 등록해 온실가스 감축을 위한 지속적인 노력을 추진하고 있다.

2015년 온실가스 배출허용기준(할당량)보다 2만8000t의 CO_2를 초과 배출하여 6억 원 상당의 배출권을 구매해야 했다. 그러나 2016년 이후 온실가스 감축을 위해 환경기초시설의 부산물(하수·음식물 소화가스, 매립가스, 소각폐열 등)의 적극적인 활용과 매립·소각분야 처리공정개선, 반입폐기물의 성상분석 세분화, 에너지절약 시설 도입·운영, 신·재생에너지 발전시설 도입 확대 등을 통해 이후 5년 연속 온실가스의 정부 배출허용량보다 적은 양의 온실가스를 배출하였으며, 제도 도입 이후 현재까지

37만9000t의 CO_2를 감축, 88억 원 상당의 배출권을 확보하는 성과를 달성하였다.

  공단은 이와 연계된 친환경 정책의 일환으로 환경기초시설을 에너지 생산시설로 전환하기 위해 유휴부지와 부산물(하수·음식물 소화가스, 매립가스, 소각폐열 등)의 적극적인 활용으로 지속적인 재생에너지 보급·확대 및 에너지 선순환 체계를 구축하는데 노력하고 있다. 특히 환경기초시설의 유휴부지 및 처리시설의 상부의 여유 공간 활용을 극대화하여 2008년 이후 총 38개소 6420kW 규모의 태양광 발전시설을 운영하고 있으며, 30개소는 발전 전력을 자체 사용하여 처리장 전력비를 절감하고 있으며, 8개소는 민간 투자사업으로 전력을 생산·판매하여 연간 17억 원 상당의 경제효과가 발생하고 있다.
  또한 폐열을 이용한 소각폐열 발전시설(5.8MW), 강변 하수처리장에는 연료전지(1.2MW), 소화가스 발전(1MW), 그리고 생곡 매립장에는 매립가스 발전(5MW), 생곡 음식물처리장 소화가스 발전(0.5MW)설비를 설치·운영 중에 있다. 그 외 태양열 급탕시설 5개소, 하수 소화가스 정제를 통한 LNG 생산·공급, 음식물 소화가스를 활용한 LNG 연료대체 등 다양한 분야의 신·재생에너지 시설의 생산 거점 역할을 하고 있으며, 이를 통해 생산되는 에너지는 연간 약 120억 원의 경제효과를 거두고 있다. 또한 부산환경공단의 에너지 자립률이 2016년에 68%에서 2020년에 72%로 4% 증가하는 괄목할 만한 성장을 보였다. 에너지 자립률 1% 성장은 절약정신 이상의 큰 가치를 갖는다. 에너지는 고정비용 성격이라 그만큼 절약하기 힘든 게 현실이다.

BECO 혁신경영 이야기

에너지 진단 전문기관 지정

환경기초시설은 대표적인 에너지 다소비 사업장으로 친환경 경영을 위한 에너지 절감방안이 필요하다. 향후 에너지 비용 증가에 대한 선제적 대응으로 환경기초시설 내 신·재생에너지 등 에너지 생산량 증가와 에너지 소비 감소 및 에너지 이용의 효율 향상이 요구되고 있다.

에너지 진단이란 에너지 진단 전문기관이 개별 사업장의 에너지 이용 흐름을 파악하여 에너지 손실 요인을 발굴하고 에너지 절감을 위한 대책과 경제성 분석 등을 통해 최적의 개선방안을 제시하는 기술 컨설팅을 말한다. 적합한 기술 인력과 진단장비 등의 기준을 갖추고 에너지 진단을 전문적으로 수행할 능력이 있는 기관은 산업통상자원부 장관으로부터 전문기관으로 지정받게 된다.

2018년 공단은 에너지 진단비용 절감과 환경전문 공기업으로써 경영혁신의 일환으로 에너지진단 전문기관 신청계획을 수립하였다. 진단기관 지정을 위해서 부산시 조례와 공단 정관을 개정하는 등 적극적인 행정을 통하여 「공공하수처리시설 등의 위탁운영에 관한 조례」 및 「부산환경공단 설치조례」에 에너지 진단사업을 추가하였다. 지정을 위해서 필요한 환경기초시설 운영 경험을 겸비한 자체 기술인력 5명 이상과 진단장비 15종을 확보하였고 에너지 진단기관 현장검사(2019년 9월)에서 적합 판정을 받아 지방공기업 최초로 산업통상자원부로부터 2019년 11월에 '에너지진단전문기관(2종)'으로 지정받았다.

진단기관 지정 후 2020년 녹산 하수처리장의 자체 에너지진단으로 에너지 낭비요인 개선방안 5건을 추출하여 전년도 에너지 사용량 대비 13.8%인 전력 2002MWh의 절감(2억3200만 원), 온실가스 CO_2 911t 감축과 에너지 진단비용(4000만 원)의 절감의 성과를 거두었다. 2021년에는 수영 하수처리장, 기장 하수처리장 그리고 부산지역 소규모 민간업체의 에너지절약 컨설팅을 추진하여 에너지 손실요인을 발굴하고 에너지절감 개선안을 제시하여 에너지 효율 개선과 진단비용을 절감했다.

이러한 진단기법과 진단 업무분석을 통하여 자체 에너지 진단 시행을 위한 본격적인 중장기 에너지 진단 추진계획을 수립하고 법적 의무진단 5개소와 자율 진단 가능한 5개소의 하수처리시설을 포함하여 5년 단위, 총 10개소에 대한 자체 에너지 진단을 실시할 계획이다. 아울러 진단장비의 지속적인 확대, 진단 전문인력 양성, 교육 등 체계적인 관리와 투자계획으로 역량 있는 명실상부한 에너지 진단 전문기관으로 조기에 정착되도록 박차를 가하고 있다.

제5장

신뢰 & 안전

> **BECO 혁신경영 이야기**
>
> **BECO 휘슬과 부패방지경영시스템 (ISO 37001) 인증**

공직자의 직업윤리관은 모든 것에 앞서 있는 가치관이다. 바르고 정확하게 공정한 직무수행이 철칙이다. 생활도 모범이 되어야 한다. 어쩌면 공직자의 숙명인 것이다.

윤리경영이란 회사경영 및 기업 활동에 있어 '기업윤리'를 최우선 가치로 생각하며 투명하고 공정하며 합리적인 업무 수행을 추구하는 경영정신이다. 윤리경영은 사람, 환경, 제도의 삼위일체를 두고 '청정'이라는 화두를 얹어서 실행과제를 수립한다. 맑고 바른 사람을 만들고 깨끗한 환경을 유지하며 이러한 환경과 사람들이 지속가능하게 정해진 틀 속에서 활동하도록 하는 시스템을 만드는 것이다. 이러한 제도적 관점에서 내부적인 자정 노력의 일환으로 부패방지경영시스템(ISO37001) 도입을 결정하였다.

2016년에 국제표준화기구(ISO)는 조직이 뇌물수수 관련법규를 준수하고 청렴성에 모범적 관행을 유지할 수 있도록 ISO37001 부패방지경영시스템을 제정하여 관련지침을 설정하고 공표한 바 있다. 그리고 2016. 9월 「부정청탁 및 금품 등 금지에 관한 법률(약칭 : 청탁금지법)」이 시행됨에 따라 기업과 공공기관을 비롯한 모든 조직의 부패방지 노력이 매우 중시되고 있다. 이러한 경영환경에서 선제적이고 능동적인 대처는 경영자의 초미의 관심사다.

 부패방지를 위한「부패방지운영에 관한 지침」제정과 부패 위험 식별리스크 분석과 평가를 하였으며 부패방지경영시스템 매뉴얼과 절차서에 따라 내부 심사, CEO 경영자 검토를 실시하는 등 일련의 절차를 정확하게 수행하여 KSR인증원으로부터 2018년 12월에 부패방지경영시스템(ISO37001)을 인정받았으며, 부산시 공공기관 중 최초로 ISO37001인증을 획득하여 청렴선도 기관으로 조용한 횡보를 이어가고 있다.

 윗물이 맑아야 아랫물이 맑다는 진리는 예전이나 지금이나 변하지 않는 진실이다. 윗물이 맑으려면 구정물을 일으키는 여러 가지 해악들을 사전에 제거하고 환경을 조성하는 일이 중요하다. 이러한 도구로써 ISO37001은 좋은 방편이 될 것이라 믿고 있다.

 또한 보다 투명하고 실시간 접근성이 좋은 익명신고시스템「베코 휘슬」을 상시 운영하여 사회적으로 문제가 되고 있는 성희롱, 갑질, 직장 괴롭힘, 비윤리적 행위 등에 대해서 신고 기능이 활성화되도록 하였으며, 이러한 다양한 청렴시스템을 통하여 감시와 견제, 자정능력이 원활히 작동하게 함으로써 한 단계 업그레이드 된 청렴한 공단이 구현될 것으로 기대한다.

BECO 혁신경영 이야기

안전보건경영시스템 (ISO 45001) 인증

안전에는 양보 없다. 안전은 경영방침에 제일의 기준이다. 안전하지 않으면 시작하지 마라. 안전에 관한 평소의 생각이다. 또한 안전은 선진기술, 선진경영의 척도와 기준이 된다.

베이비부머 세대가 퇴직하고 MZ세대가 회사 전체 인원의 절반 이상 (54.5%)을 차지한다. 세대교체가 이루어짐에 따라 창의성, 추진력, 글로벌 감각 등의 발전된 공단의 모습을 갖추어 가는 장점도 있지만 안전 분야만을 생각했을 때 비숙련 작업자가 증가함에 따라 안전사고 위험도 높아진다는 사실을 통계가 말해준다. 최근 5년간 공단의 입사 3년차의 사고비율이 전체 사고건수의 70%를 차지한다. 그만큼 안전도에 둔감하다는 방증이다.

라이언 일병 구하기와 같이 '신입 김 주임 구하기'의 특명을 받은 느낌이다. 안전은 사람, 시설, 제도에 방점을 둔다. 지속적인 교육과 행동교정 등을 통한 사람안전과 불안한 시설물의 개선, 안전장구의 확보 등의 시설안전이 있을 것이며, 안전문화, 예산, 안전규칙을 준수하도록 하는 제도의 안전이 상호 유기적이고 체계적으로 작동되어야 안전사고 제로를 얻을 수 있다.

이에 따라 공단은 '신입사원 김주임 구하기'의 일환으로 안전관리팀 전담부서를 신설하고 안전분야 예산을 매년 17~36% 이상 대폭 증액하였으며 안전보건경영 중장기 마스터플랜을 수립(5개년)하고 안전관리 기본계획을 확정하여 4대 전략 30개 실행과제를 추진했다. 아울러, 안전보건관리규정 제정, 통합안전관리매뉴얼 개정, 안전 전문화(체험)교육, 신규 사업장 안전컨설팅, 비상대응훈련(밀폐공간, 화재, 수질오염 등) 등을 반복적으로 추진하여 안전에 대한 경각심과 사고 예방에 주력했다.

특히, 강력하고 지속가능한 안전시스템 구축을 위해 안전 컨설팅을 수행하고 안전 절차에 대한 내부기준의 확립과 외부 심사를 거쳐 2020년 10월 ISO45001(안전보건경영시스템) 인증을 획득했다. 사업장별 관리감독자 지정, 교육, 안전시설 구비 등 안전 전반에 걸쳐 국제규격의 절차를 확보함으로써 제도적인 미비점을 보완하고 실행에 대한 강력한 규제방안을 확보하여 현장에서 안전의 시정과 개선활동이 활발하게 일어날 것으로 기대하고 있다.

안전에는 양보 없다. 이것은 안전은 선택 할 수 있는 경영요소가 아니다. 당연한 의무이고 누구나 안전대상이 되기 때문이다. 800여 명의 전 직원은 물론, 공사발주를 맡은 외주업체의 인력을 감안하면 근 1000여 명의 인력이 상주한다. 안전사고 예방이 무엇보다 중요한 경영의 요소이며 핵심가치가 되고 있다.

> BECO 혁신경영 이야기
>
> 환경 전공 대학생을
> 환경 전문가로

    부산에 환경 관련 학과가 있는 대학교가 10곳이다. 한 학년을 30명으로 봤을 때 취업을 준비하는 환경공학과 3, 4학년 학생은 대략 600명 정도다. 과거와 달리 채용과정에서 직무 경험이 중시되는 요즘 환경 관련 학과 재학생들이 학업과 병행하면서 관련 직무 경험을 쌓기란 쉬운 일이 아니다. 그래서 공단은 하수처리장, 소각장 등 지역 내 환경기초시설을 전문적으로 운영하는 유일한 환경전문공기업으로서 실험실습, 공정운영 체험의 기회를 제공하여 취업을 준비하는 지역 학생들에게 다소나마 도움이 되도록 했다. 향후 각 대학과 연계한 실무형 프로그램을 추가 운영하여 얼어붙은 취업시장에서 보다 경쟁력 있는 지역 환경기술인을 배출하는데 기여하고 있다.

    공단의 현장실습 프로그램은 지역 내 대학교 환경 관련 학과와 MOU를 체결하여 2006년부터 지속적으로 실시하여 2020년까지 총 1383명의 지역 학생들에게는 수질분석, 공정체험, 환경기초시설 견학 등의 다채로운 프로그램을 제공하였다. 2019년 12월 이후 사회적 이슈가 된 코로나19와 사회적 거리두기로 인해 프로그램 진행 여부를 재검토해야 하는 등의 어려움이 있었다. 하지만 코로나19로 한층 어려움이 가중된 취업시장의 여건 상 지역 환경 관련 학과 학생들에게 작은 도움이 될 수 있는 프로그램 중단은 학업의 연속성 차원에서 무리가 있다는 판단 하에 각 대학과 업무협의를 통해 별도의 방역지침을 수립하고 실습 기회를 제공하기로 했다. 그 결과 2019년 63명, 2020년 87명이 수료하는 성과를 거두었다.

종전에는 현장참여 실습생과 최근에 입사한 공단 직원과의 그룹미팅 학습 세미나를 개최한 바 있지만 코로나19로 취소된 것은 취업 노하우 공유와 상호 정보교류 활동에 아쉬움이 많이 남는 부분이다.

현장실습을 통해 학생들은 학교에서 배운 이론을 눈으로 보며 이해할 수 있고 취급하기 어려운 장비를 직접 다뤄보면서 실무능력을 향상시킬 수도 있다. 현장에서 직접 현업에 근무 중인 직원과 대화를 통해 본인의 진로 선택에 많은 도움을 받기도 한다.

이러한 상호 학습시스템은 공단이 원하는 환경인재를 육성하면서 부산 시민이 공단 내부 구성원으로 함께할 수 있는 유일한 프로그램으로 공단을 널리 알리는 홍보 효과도 있다. 코로나19로 취업난을 겪는 인재들이 늘어나는 시기에 실속 있는 현장실습 프로그램을 운영하여 수료생을 직장동료로, 같은 분야 동업자로 만나는 등 좋은 소식을 들을 수 있는 날이 오기를 기대해 본다.

BECO 혁신경영 이야기

규제를 허문다, 혁신 샌드박스 운영

'규제 샌드박스'란 새로운 제품이나 서비스가 출시될 때 일정 기간 기존의 규제를 면제하거나 유예시켜주는 제도를 말한다. 즉, 신기술·서비스가 국민의 생명과 안전에 저해되지 않을 경우 기존 법령이나 규제에도 불구하고, 실증(실증특례) 또는 시장 출시(임시허가)를 할 수 있도록 지원하는 것이다. [네이버 지식백과]

우리 공단에서 추진하고 있는 '혁신 샌드박스'는 이러한 규제 샌드박스의 기본적인 의미를 끌어 온 개념으로 업무추진에 있어 불필요한 규제나 시민의 불편을 초래하는 이유 없는 규제를 과감히 혁파하여 업무의 신속성과 효과성을 제고하기 위한 혁신적인 파괴시스템이다.

공단의 사업이 늘어나고 신입사원이 급증함에 따라 과거의 일하는 방식으로는 생산성을 제고할 수 없다. 보다 빠르게, 보다 능동적으로 일할 수 있는 여건을 만드는 것이 무엇보다 시급한 과제이다. 그런 측면에서 기존의 업무프로세스에서 불필요한 항목, 예산 지출의 낭비요인을 제거하는 마이너스 혁신이 필요한 곳, 감사지적 사항, 규정에 묶인 제한사유 등으로 개선이 어려웠던 업무절차를 완전히 다르게 포맷하여 규제로 인한 혁신의 저항성을 완화하는데 본래의 취지가 있다고 할 것이다.

2019년 11월부터 4개월간에 걸쳐 혁신 샌드박스 과제 발굴을 통해 총 20건의 과제를 검토대상으로 채택하였다. 개선 여부에 대한 정밀한 판단을 위해 해당부서 의견 수렴, 과제선정 회의를 수차례에 걸쳐 실시하고 그 결과 최종 7건은 '즉시 시행안'으로 규제를 파괴하여 개선하였으며 2건은 '규정개정 후 시행'하는 것으로 결론내었다.

주요 내용을 살펴보면 일상감사 시행방안 변경, 업무 중복의 단일화 방안, 동일 자료의 원스톱 제출방안, 계약 지출원인행위 절차 간소화, 소액 계약건의 지역개발기금 소화방식 개선, 소규모 계약(50만 원 이하)의 절차 간소화, 폐기물 운반차량 등록 서비스 개선 등은 불필요한 규제를 파괴하여 즉시 개선 시행하였으며, 업무용 차량신청 간소화, 체육시설 이용관리 간소화 등 2건은 규정 개정 후 시행하는 것으로 채택하였다. 이러한 규제 혁파의 검토 과정에 있어 다소 아쉬운 점은 내부적인 규제는 공단 재량행위에 따라 가감 조정이 가능하지만 시민생활과 연관되는 대외적인 영역은 관련법과 시 조례 등에 연계되어 해당기관에 건의하거나 제안하는 형태로 진행되어 스피드한 운영의 한계점을 가질 수밖에 없었다.

앞으로도 규제를 혁파하여 급변하는 경영환경에 선제적 대응이 가능토록 혁신 샌드박스 운영이 정례적으로 운영되기를 기대해 본다.

> **BECO 혁신경영 이야기**
>
> ## 인권 존중의 일터 만들기

사람의 일생에서 직장에서 보내는 시간이 절반이 넘는다. 직장에서의 삶이 그만큼 중요해지는 시대에 살고 있다. 일하는 시간과 일의 양, 일의 내용까지 모두 사람의 관계 속에서 형성되고 결말을 맺는다.

일과 사람과의 관계, 사람과 사람과의 관계, 그 속에 인권이 존재한다. 최근 기업의 인권경영 이슈에 대한 관심이 증가하고 있고, 기업에 의한 소비자의 인권침해로 인해 기업의 인권 보호 및 존중 책임이 강조되고 있다. 특히, 공기업 등 공공기관은 업무 수행 과정에서 국민의 인권을 직접 침해하거나 인권침해 문제에 연루되는 경우 국가의 책임문제로 연결될 수도 있으므로 공기업의 인권 보호 및 존중 책임은 사기업보다 더 높은 수준이 요구된다.

2019년 공단은 '인권'이라는 명칭을 걸고 인권복지팀이라는 전담조직을 지방공기업 최초로 신설하여 인권문화 확산 및 인권피해 구제절차 등 인권경영체제를 구축하였다. 인권경영 실행지침 제정, 인권경영위원회 구성, 인권경영 감수성 교육, 각 사업장별 특성에 맞는 인권도우미·옴브즈만을 운영하여 인권 취약 분야 해소에 노력하고 있다. 처음 시행한 인권영향평가 결과(2019년) 공단은 91.95점으로 '가' 등급을 획득하여 인권경영의 첫 발을 안정적으로 내딛게 되었다.

이러한 인권경영의 일환으로 일할 맛 나는 '행복한 일터' 만들기 프로젝트 사업을 추진하고 있다. 노사가 함께 소통하는 행복일터추진단 운영, 위캔미팅, CEO의 월요편지, 슬기로운 공단생활 베코10조 운영, 연가 신청 시 노코멘트제, 간부먼저 연차사용, 정시 퇴근의 날, 가족사랑 데이 등 일과 삶의 균형을 위한 계층별·요구자별 프로그램을 운영하고 있다.

행복일터추진단 운영을 통해 '요즘 것들의 생각'에 착안하여 그들이 원하는 회사는 무엇이고, 복지는 무엇이며, 리더란 무엇일까. 물론 일방적인 요구사항일 수도 있겠지만 이야기를 듣고 생각을 나눔으로써 기성 문화와 새로운 문화의 혼입 과정을 원활히 하는 기폭제 역할이 되었다. 의견 수렴을 통해 휴양시설 교체, 서부권 협약병원 선정, 출산 축하금 인상 노력, 노후청사 리모델링 착수 등의 성과가 있었다. 또한 육아휴직 활성화, 사이버교육 확대, 지식공동체 학습동아리(Cop)운영, 종합건강 검진, 정신보건 프로그램 운영 등을 통해 가정과 건강을 지키는 행복한 일터를 만들기 위해 노력하고 있다.

제6장

시민소통 & 공감

BECO 혁신경영 이야기

에코백 런(RUN) 범시민 환경캠페인 운동

 일회용품 사용제한, 비닐 감량화 등 전 지구적 환경문제 해결에 '가치소비' 트렌드를 입혀 공단은 친환경캠페인을 전개했다. 이름하여 '에코백 런(RUN) 범시민 환경캠페인'. 수백 년 동안 썩지 않는 무시무시한 비닐 대신 환경을 보호하는 에코백을 사용하자는 캠페인이다. 자원 재활용에 대한 시민참여 확대와 공감대를 확산하고자 실천이 어렵고 내용이 복잡한 캠페인 대신, 일상 속에서 접하고 쉽게 실천할 수 있는 테마를 선정했다.

 '다시 사용해요 지금부터!'라는 뜻을 지닌 'Re Use Now'의 앞 글자를 딴 '에코백 RUN 범시민 환경캠페인'은 한 번 쓰고 버리는 비닐 사용을 줄이고 계속 쓸 수 있는 에코백의 사용을 늘리기 위함이다. 부산은행과 협업으로 에코백 1200개를 우선 제작했다. 부산디자인진흥원과의 협업으로 에코백 디자인의 의미와 실용성 등을 높였다. 2019년 10월 시청 녹음광장에서 '에코백 RUN 범시민 환경캠페인'의 시작을 알리는 발대식을 가졌다. 경쾌한 음악공연으로 시작한 행사는 다양한 에코백을 둘러맨 모델들의 런웨이 쇼, 에코백 사용 서명운동, 에코백 세리머니 등 다채롭게 꾸며져 많은 사람들이 함께 즐길 수 있는 축제의 장이 되었다. 하지만 무엇보다 뜻깊었던 순간은 바로 700여 명의 시민들과 함께 외친 '비닐NO 에코백YES' 함성이었다. 발대식을 기점으로 부산광역시장, 부산광역시의회, 지역 주요 인사들과 에코백 릴레이를 이어갔다. 붐 조성을 위해 이어진 캐치 프레이즈(슬로건)와 에코백 창작품 전국 공모전을 실시했다. '에코백, 푸른 내일을 담다'라는 캐치프레이즈 선정과 전문가 심사를 통해 에코백 창작품 공모에서 최종 33점의 작품을 당선작으로 선정하여 부산시청 전시실에서 4일간의 전시회도 가졌으며, 지금은 코로나19로 인해 눈 등 비대면 방식의 여러 채널을 통해 캠페인 전개 방식을 전환했다.

에코백 런 캠페인이 시민을 향한다면 '플라스틱 제로 기업문화 만들기' 프로젝트 사업은 기업을 향한 환경캠페인이다. 코로나19로 일회용품이 급증하는 시대를 맞아 환경전문공기업으로서의 사회적 책임과 자원순환 실천문화 확산에 동참코자 플라스틱 없는 공단을 만드는 데 힘을 기울였다. 2021년을 「플라스틱 제로 기업문화 만들기」 원년으로 선포하고 공단 내 소비문화 개선을 위한 일회용품 4대 금지품목(플라스틱컵, 종이컵, 비닐봉투, 물티슈)을 지정하여 실천운동으로 추진했다. 또한 최고경영자(CEO)을 비롯한 임직원 800여 명이 환경부가 추진하는 '탈(脫) 플라스틱 고고챌린지'에 동참했다. 공단은 이러한 범시민 환경캠페인을 통해 창립 20주년을 맞은 새로운 전환점에서 시민에게 한 발짝 더 다가가는 환경문화운동으로 중추적인 역할을 하고자 한다.

BECO 혁신경영 이야기

업사이클링 아트페스타

요즘 시대를 부르는 다양한 언어가 있다. 코로나19 시대, 모빌리티 시대, 인플레이션 시대 등 다양하고 복잡한 시대가 한 곳에 병존한다. 그중에서도 제일 중요하게 생각하고 우리가 미래를 살아가는데 없어서는 안 될 '필(必)환경'의 시대이기도 하다.

하지만 이러한 중요성과는 달리 쓰레기 무단투기, 일회용품 사용, 산업화에 따른 대기오염 등 다양한 방식으로 환경오염이 심각해지고 있다. 이러한 문제에 대응코자 우리 공단은 시민환경교육의 새로운 패러다임을 제시하고, 직접적인 환경 참여와 체험, 따분하고 어려운 환경교육이 아닌 축제방식의 시민교육 방안을 추진했다. 이것이 '업사이클링 아트페스타'이다.

업사이클링(Up-cycling)은 재활용을 뜻하는 리사이클링(Re-cycling)에서 디자인이나 활용도를 더해서 가치를 높인(Up) 제품으로 탄생시킨다는 의미이며 더 나아가 시민들의 환경인식을 올리기(Up) 위한 축제의 의미도 내포한다.

　'업사이클링 아트 페스타'는 부산시 유일의 생활쓰레기 매립장인 생곡매립장, 소형가전을 분해·재활용하는 폐가전 회수센터, 업사이클링 아트의 핵심 장소로 떠오르는 자원순환협력센터 등 현장 위주의 견학프로그램과 재활용품을 활용한 나만의 업사이클링 제품을 직접 만드는 체험프로그램으로 진행되었다. 제1회 업사이클링 아트페스타는 3일간 약 2000여 명의 부산시민이 참여하여 부산을 넘어 우리나라의 환경 축제로 자리 잡아가고 있다.

　이와 더불어 공단은 매년 6월 5일 '세계 환경의 날'을 맞아 다양한 시민 행사를 추진하고 있다. 2019년에는 당면한 환경문제에 대해 다양한 해법을 찾는 방안으로 환경다큐멘터리를 제작하여 방영했다. 지역 방송과 연계하여 '순환경제사회 - 쓰레기는 자원이다'라는 타이틀로 세계 각국의 환경문제 솔루션 접근방법을 취재했다. 버려지는 쓰레기가 돈이 되고 자원이 되고 또 문화가 될 수 있다는 간절한 외침을 노르웨이 오슬로, 일본 오사카 등 국외 탐방을 통해 환경정책의 모범사례를 소개하고 자원 재활용의 의미와 가치를 되새긴 다큐를 방영하여 시민의 환경수준과 의식을 제고토록 했다.

　환경에 대한 인류의 관심은 날로 커지고 있다. 시민들의 인식도 변해갈 것이다. 이에 발맞춰 공단은 업사이클링 아트페스타와 같은 차별화된 환경 축제를 활성화시키고 현재와 미래세대를 위한 환경문화를 선도함으로써 시민에게 사랑받는 환경전문 공기업으로 더욱 성장해나갈 것이다.

BECO 혁신경영 이야기

우리동네 작은 음악회와 친환경 체육대회

코로나19 이후 가장 많이 언급되는 키워드 중 하나는 언택트(Untact)다. 하지만 시간이 지날수록 언택트 기술이 나아가야 할 방향은 인간과의 단절이나 대체가 아니라 인간적 접촉을 보완해주는 역할이어야 한다는 점이 부각되고 있다. 역설적으로 휴먼터치(Human Touch)의 필요성이 커진 것이다. 여전히 사람과 사람에게 진정한 공감대를 이끌어내는 소통 능력의 중요성은 더욱 커졌다고 하겠다.

환경기초시설에 대해 시민들은 어떻게 생각하고 있을까? 악취, 더러움, 혐오시설 등 부정적인 인식이 강했던 것이 사실이다. 하지만 우리 공단은 환경기초시설의 친환경적 변화를 시민과 함께 공유하고, 환경과 문화의 접목을 통해 자연스럽게 문화와 체육의 공간으로 시민의 인식을 바꿔가고 있다.

하수처리장에서 음악회를 개최한다면 시민들은 어떤 생각을 할까. 전국 처음으로 2008년에 하수처리장 음악회를 개최했다. '하수처리장 음악회'는 지역주민을 위한 문화메세나 사업의 독보적인 브랜드로 자리매김했다. 그러나 재정적인 여건이 뒷받침되지 못해 9회째를 끝으로 종료되었다. 그러나 2018년 12월 부산은행과 지역사회공헌 협약을 통해 마련한 재원으로 하수처리장 음악회를 대체할 '우리동네 작은음악회'를 2019년 5월 수영사업소 환경공원에서 열었다. 처리장 인근주민을 초청하고 오케스트라 문화공연을 개최하여 900여 명의 지역 주민이 참석하여 성황리에 마치게 되었다.

또한 지역주민의 건강증진과 주민소통 활성화를 위해 그라운드골프대회(남부사업소, 2019년 5월), 친환경 축구대회(강변사업소, 2019년 6월), 족구대회(수영사업소, 2019년 9월) 등 3개 종목의 부산환경공단이사장배 체육대회를 개최하여 1000여 명의 지역주민이 참여하여 함께하는 어울림 한마당을 만들었다.

코로나19로 대면 활동이 어려워짐에 따라 지친 시민들을 위로하고 함께 할 수 있는 비대면 방식의 휴먼터치를 고민하고 있으며 우리가 만들어 나가는 이러한 문화 소통이 환경에 대한 시민의 인식을 바꾸어가는 조그마한 계기가 될 수 있다면 가슴 뭉클해지는 일이 아닐까 한다.

BECO 혁신경영 이야기
나 홀로 어르신 '추억의 선물상자' 나눔

부모 세대는 6·25 전쟁 후 황폐화된 도시에서 배를 곯은 시절이 있었다. 그러나 경제성장과 더불어 지금은 손색이 없을 만큼 부유한 국가가 되었다. 하지만 얻는 것이 있으면, 잃는 것도 있듯이 엄청난 경제 성장을 이루었지만 놓치는 부분도 많이 있다. 주목할 것은 바로, 추운 겨울 차디찬 방 안에서 쓸쓸히 하루를 보내고 계시는 부모님 세대인 홀로어르신들이다. 전쟁 이후 이렇게 성장할 수 있었던 배경에는 홀로어르신들의 피땀 어린 노력이 묻어 있다. 그 노력을 조금이라도 보상해드리기 위해 공단은 어려운 시절에, 어려운 길을 걸어오신 홀로어르신들을 위해 작은 위로를 전하는 활동을 지속적으로 해왔다.

인구 노령화로 노인지원대책이 절실한 독거노인복지재단과의 양해각서(MOU) 체결을 통하여 홀로어르신 삶에 도움이 되는 사업들을 예산이 아닌 전액 임·직원들의 자발적인 성금 모금활동, 봉사단원들의 직·간접 현장 봉사활동으로 추진하고 있다.

생계형 폐지 수거노인들을 위해 브레이크, 형광반사판 등을 설치한 10대의 '안심 손수레' 지원사업을 추진하여 조금 더 안전한 경제활동을 할 수 있게 지원하였고 일부 홀로어르신들의 노후 주거공간 개선을 위해 연 2회 도시재생지원센터와 연계하여 부산시 남구 우암동 양달마을의 18가구 주거공간을 개선하여 홀로어르신들의 건강한 노후를 위해 힘쓰고 있다. 또한 미세먼지 노출에 취약한 가정 10가구에는 직원들이 손수 미세먼지 전용 방진망을 설치해드렸다. 그리고 코로나19로 인해 더 외로운 홀로어르신들에게 '추억의 선물상자'를 어버이날에 맞춰 제공하였다. '추억의 선물상자'에는 트로트 기기, 옛날과자 등 옛 추억을 떠오르게 만드는 물품 10종을 담았다. 추가로 직원들이 꼬지전 등 4종의 반찬을 직접 만들어서 직접 어르신들에게 전달하여 코로나19로 힘든 어르신들을 조금이나마 위로해드릴 수 있었다.

하지만 지역사회를 위한 사회공헌활동에 큰 어려움이 있다. 직원들의 모금으로 기금을 조성하는 부산환경공단의 입장에서는 한정적인 사회공헌활동을 할 수밖에 없어 추후 직원들의 추가적인 성금을 확대 방안과 관심 있는 기업 및 기관과의 협업을 통해 홀로어르신 지원 사업을 확대해 나갈 것이다.

시민들은 우리 공단의 목적사업뿐만 아니라 공기업의 사회적 가치 활동에도 많은 관심과 기대감을 가지고 있다. 이러한 사회적 활동이 지속적이고 체계적으로 이어져 나가도록 경영 책임자로써 관심과 지원을 아끼지 않을 생각이다.

BECO 혁신경영 이야기

신나는 에코투어버스 운행

 부산시 하루 생활폐기물 발생량은 1일 기준 약 3000t이다. 이렇게 많은 쓰레기가 매일 발생되고 있는데 버릴 곳은 점점 사라지고 무분별하게 버려져 심각한 환경오염을 일으키고 있다. 그래서 우리는 생활 속에서 자원절약과 재사용·재활용을 실천해야 한다.

 그중 환경을 최대한 보존할 수 있는 방법이 업사이클링이다. 업사이클링은 재활용 의류, 폐현수막, 자투리 천, 폐목재 등을 활용하여 원래보다 더 좋은 품질로 바꾸어 사용하는 것으로 업사이클링은 자원을 아껴 쓰고 나아가 지구 환경문제를 생각하게 하는 효과적인 환경교육이 될 수 있다.

 이에 우리 공단은 자원순환 환경교육에 발맞춰 자원순환협력센터에서 다양한 업사이클링 체험프로그램을 운영하고 있다. 그러나 자원순환 시설과 업사이클링 체험의 접목으로 우수한 교육 자원을 가진 자원순환협력센터는 시 외곽(생곡동)에 위치하고 있어 지리적 여건상 많은 학생과 시민들이 찾아오거나 견학하기가 쉽지 않았다. 이런 여건을 개선하고자 '신나는 에코투어버스'가 세상에 탄생했다.

'신나는 에코투어버스'는 버스 픽업(Pick-UP) 서비스를 제공하여 현재 2가지 프로그램을 운영하고 있다. 첫 번째는 버려지는 폐자원으로 새로운 것을 만드는 업사이클링 아트 체험이고, 두 번째는 국내 최대 규모의 자원순환특화단지의 주요 환경시설을 둘러보는 자원순환 에코투어로 구성되어 있다.

픽업 서비스는 학교의 참여 반응이 좋았고, 예정되어 있던 운영횟수가 모두 채워져 2020년 6월 첫 출발을 하였다. 그러나 갑작스러운 코로나19 확산으로 대면교육이 어려워지는 상황이 되었고, 그로 인해 축소 운영을 할 수밖에 없었다.

2021년 코로나19 확산에도 학교에서는 환경교육에 대한 노력과 의지로 방역수칙을 준수하여 꾸준히 참여하고 있다. 학교뿐만 아니라 일반 시민단체들의 관심도 높아가고 있다.

'신나는 에코투어버스'는 지역적 특성에 맞춰 환경교육을 개발하고 업사이클링이라는 다양한 자원순환 교육을 체계적이고 효과적으로 한다는 점에 환경부 우수환경교육프로그램으로 지정받았다. 부산환경공단은 우수한 교육 프로그램으로 시민환경교육에 앞장 설 것이며 부산지역의 대표성 있는 시민 환경교육센터로 거듭날 것이다.

제3부

언론에 비친 부산환경공단 & CEO 배광효

[조송현이 만난 사람](13) '월요편지' CEO 배광효 부산환경공단 이사장 _ "혁신경영 성과의 밑거름은 소통"

조송현 ○ 승인 2021.08.11 08:30 ○ 업데이트 2021.10.04 12:25 ○ 댓글 0

정부 경영평가서 전국 249개 지방공기업 중 유일 4년 연속 최고등급
CEO평가 최고등급, 부산시 주관 공사공단 (이)사장 평가 1위
사회적 가치 구현·환경생활실천운동 매진, 글로벌 환경공기업 도약 견인차 평가

배광효 부산환경공단 이사장이 본부 인근 수영하수처리장 소화조를 가리키며 하수처리 중 나오는 소화가스를 이송한 발전현황을 설명하고 있다. [사진 = 조송현]

부산환경공단, 경영평가 5년 연속 1위... 전국 유일

부산환경공단(이사장 배광효)이 행정안전부 주관 '2021년도 지방공기업 경영평가'에서 1위에 선정됐다고 5일 밝혔다. 공단은 환경시설 분야 최고 성적을 받았으며, 272개 지방공기업 중에서 유일하게 '5년 연속 1위'로 선정되었다.

행안부가 주관해 지난 4월부터 8월까지 실시된 이번 경영평가에서 공단은 사회적 책임경영, 고강도 경영혁신 및 환경 전문역량 강화 등 경영 전반에서 걸쳐 우수한 평가를 받았다. 특히, 온실가스 감축목표 대비 179% 달성, 공정약품 최적관리를 통한 10억 원 상당의 약품비 절감, 자체 에너지 전문진단, 폐자원을 활용한 에너지 생산 등 탄소중립 실현과 경영 효율화 측면에서 높은 점수를 받았으며, 코로나19 위기대응과 극복 지원, 좋은 일자리 창출 등의 성과도 크게 인정받았다.

공단은 목적사업인 환경기초시설의 안정적인 운영뿐 아니라 조직·인사, 사업, 기술, 서비스 등 경영전반에 대해 다양한 경영혁신을 시도해왔다. 이를 바탕으로 최근 행안부로부터 지방공기업 발전 유공 대통령 표창을 수상한 바 있으며 이 밖에도 행안부 혁신우수 지방공공기관 선정, 고용노동부 올해의 일자리대상 수상, 행안부 대한민국 지식대상 특별상 수상 등의 영광을 안기도 했다.

배광효 이사장은 취임 후 '혁신경영'을 경영방침의 첫 번째로 정해, 지속적인 경영혁신을 강조해왔다. 우선 창립 20년 만에 조직체계를 시설 중심의 '사업소 체제'에서 기능 중심의 '사업단 체제'로 개편해 사업의 안정성과 효율성을 높였고, 성과 중심의 인사혁신 단행, 사내자격제도 시행, 현장맞춤형 교육 추진, 행복한 일터 만들기 등을 통해 조직 내부의 혁신도 적극 시도했다. 또한 도로 재비산먼지 저감사업 확대, 365일 관로 민원 기동반 운영, 슬레이트 지붕 철거사업, 주민참여 환경모니터링단 운영 등 시민이 체감할 수 있는 환경서비스도 적극 추진해왔다.

이와 더불어 '뉴턴(New Turn)' 기술혁신 프로젝트를 시행해 원가절감, 기술선도, 관행타파, 리스크 관리 등의 주요 과제를 추진, 약 125억 원의 경영개선 효과를 창출했다. 또한 환경기술 개발을 위해 기업, 기관, 대학 등과의 협업을 강화하고 특히 지역 중소기업의 환경기술 검증과 해외판로 개척 등을 적극 지원했다.

뿐만 아니라 시민과 함께하는 환경캠페인과 환경교육을 확대하는 등 ESG 경영에도 박차를 가했다. 일회용품·플라스틱 제로화, 에코백 사용 등의 환경캠페인을 전개하고, 신나는 에코투어버스, 폐자원을 활용한 업사이클링(Upcycling) 체험교육 등을 추진해 환경부 우수 환경교육 프로그램으로 지정되기도 했다.

배광효 이사장은 "이번 경영평가 결과는 쾌적한 환경 속에서 시민들이 행복한 일상을 보낼 수 있도록 임직원 모두가 한 마음으로 노력한 결실이라고 생각한다. 또 무엇보다도 많은 분들이 공단에 따뜻한 관심과 성원을 보내주신 덕분"이라며, "앞으로도 더 나은 환경서비스로 시민에게 다가가고, 더 살기 좋은 환경을 만들기 위해 최선을 다하는 부산환경공단이 되겠다."고 전했다.

〈국제신문 이동윤 기자 dy1234@kookje.co.kr / 2021.09.05〉

부산환경공단, 창단 20년만에 대통령 표창 받아

부산환경공단이 지방공기업 발전 공로로 창단 20년 만에 대통령 기관표창을 받았다.

공단은 최근 지방공기업평가원에서 열린 행정안전부 주관 정부포상 시상식에서 사회적 가치 실현과 지역경제 활성화, 고강도 경영혁신 등의 성과를 인정받아 기관 부문 최고상인 대통령 기관표창을 받았다고 30일 밝혔다.

공단은 최근 3년간 247명의 청년인재 고용 및 일자리 질 개선 등을 통한 일자리 정책 선도, 지역 중소기업 환경기술 개발 지원 등 지역경제 활성화를 적극 추진해 왔다. 이와 함께 신재생에너지 확대 도입과 폐자원

부산환경공단, 창단 20년만에 대통령 표창 받아

조용휘 기자 입력 2021-08-31 03:00 수정 2021-08-31 03:00

부산환경공단 배광효 이사장(오른쪽)이 최근 지방공기업평가원에서 열린 행정안전부 주관 '지방공기업 발전유공정부포상 시상식'에서 기관 부문 최고상인 대통령 기관표창을 수상하고 있다. 부산환경공단 제공

을 활용한 에너지 생산, 온실가스 감축과 탄소중립 실현, 주민 참여 환경 모니터링단 운영, 환경교육 및 캠페인 등을 통해 고품질 환경서비스를 실천하고 있다.

배광효 부산환경공단 이사장은 "지역 사회와 힘을 합쳐 추진해 온 노력들이 자연스럽게 좋은 성과로 이어진 것 같다"며 "앞으로도 더 나은 환경서비스를 위해 최선을 다하겠다"고 말했다.

〈 동아일보 조용휘 기자 silent@donga.com / 2021.08.31 〉

부산환경공단 배광효 이사장, 혁신·소통리더십 통했다

- 행안부 경영평가 4년연속 1위에 이어... 市 공사·공단 기관장 평가에서도 1위
- 취임 2주년... 기술혁신, 경영혁신, 시민소통 등 경영성과 높여와

부산환경공단 배광효 이사장의 뚝심있는 혁신·소통리더십이 빛을 발했다. 부산환경공단이 지난 9월 '2020년 행정안전부 지방공기업 경영평가'에서 전국 유일 4년 연속 최우수 등급을 받은 데 이어, 부산광역시 주관의 공사·공단 기관장 평가에서도 산하 공기업 6곳 중 1위로 최고 성적을 받았다.

부산광역시 공사·공단 (이)사장 평가는 성과계약 이행실적 등 4개 지표를 평가하는 종합평가다.

리더십, 조직관리, 노사문화 등 경영전반에 대한 추진실적과 직원, 시의원 등 조직 내·외부 관계자를 대상으로 실시한 설문조사, 언론보도 모니터링 등의 상시평가, 그리고 행안부 경영평가 결과를 반영한다. 환경공단은 100점 만점의 이 평가에서 94.33점을 받아 부산시 산하 지방공기업 중 1위를 차지했다.

11월 6일로 취임 2주년을 맞은 배광효 이사장은 그간 혁신을 강조해왔다. 배 이사장은 "올해로 창립 20주년을 맞이한 공단은 그동안 지속적인 변화와 발전을 추구해왔다.

하지만 급변하는 경영환경 변화에 부합하고 시민을 위한 환경서비스의 품질을 높이기 위해서는 '환골탈태'수준의 혁신이 필요하다고 생각했다."고 전했다.

배 이사장은 조직, 경영, 사업, 기술 등 상당한 부분에 눈에 띄는 성과를 만들어냈다는 평가를 받고 있다. 이러한 성과 속에서도 사회적 책임 이행, 지역사회와의 소통과 협력도 놓치지 않았다.

우선 조직혁신에 박차를 가했다. 20년 만에 처음으로 조직을 '사업단 체제'로 개편했다. 기존의 평면적인 시설 중심의 사업소 체제로는 효율적 사업운영에 한계가 있다고 판단한 것이다.

경영, 물재생, 자원에너지 분야로 나누어 사업단을 설치하고, 인근 지역에 위치한 여러 처리장들을 하나로 묶어 효율적으로 통합관리하고 있다. 또한 일하는 방식과 조직문화 등에도 변화를 가져왔다.

약품관리 방법을 개선해 7억원의 예산을 절감했으며 회의문화 개선, 직원과의 소통 확대, 불필요한 업무 다이어트 등을 통해 기존의 낡은 관행을 탈피하고자 했다. 간부 무보직제, 창립 최초 특별승진 및 전직 시행 등 능력과 성과중심의 인사혁신도 주목할 만 하다.

현장중심의 환경기술 혁신과 온실가스 감축, 에너지 관리 등을 통해 환경전문공기업으로서의 면모를 다졌다. 배 이사장은 "친환경 기술혁신은 공단이 특히 공을 들이고 있는 분야다."라고 밝혔다.

환경친화적 기술개발을 위해 공단의 역량을 끌어올리는 노력은 물론, 지역 내 기업, 대학, 기관 등과의 협업을 통해 지역사회 발전과 환경산업 성장을 이끌고 있다. 기업의 환경기술 현장검증을 위한 '테스트 베드(Test-Bed)'를 지원하고 글로벌 환경기술 개발에도 지역 중소기업을 참여

시켰다. 최근 공단이 지역기업, 대학과 협력한 연구개발 과제가 환경부, 중소벤처기업부의 '그린뉴딜 유망기업 100 지원사업' 추진사업으로 선정된 바 있다. 공단은 지역 중소기업과 대학과의 공동연구를 통해 하수처리장 방류수질 개선을 위한 연구를 수행해나갈 계획이다.

뿐만 아니라, 공단은 온실가스 감축목표 대비 174%를 초과달성해 23억 상당의 부산시 온실가스 배출권을 확보했다. 이를 위해 공단은 쓰레기 소각과정에서 발생하는 폐열을 활용해 지난 해 6억 7천만원 상당의 전기를 생산했다.

소각장의 폐열 증기를 산업체에 판매해 35억원의 수익을 내고 소각장 인근 주민에게 55억 상당의 폐열을 무상공급하기도 했다. 공단은 지난 해 11월 광역시 최초 산업통상자원부로부터 '에너지 진단 전문기관'으로 지정되었다.

20년의 운영 노하우와 에너지 관련 전문성을 인정받은 것이다. 처리장 자체 에너지 진단으로 올해 4천만원의 진단비용을 절감했으며, 전년대비 에너지 사용량을 13.8% 절감, 2억 3천만원 상당의 전력비를 절감할 것으로 기대된다.

기술혁신, 조직혁신과 더불어 배광효 이사장이 강조한 것이 바로 '고객만족'이다. 이는 공단의 고객인 '시민'과의 소통과 협력, 그리고 사회적 책임 이행을 아우르는 가치라 볼 수 있다. 우선 주민참여예산제, 청렴옴부즈만, 시민제안 등 경영활동에 시민들이 참여할 수 있는 기회를 확대했다.

또한 환경보호와 자원순환의 가치를 시민과 함께 나누고자 환경캠페인과 환경교육 사업도 적극 추진하고 있다. 지난 해부터 추진하고 있는 '에코백RUN 범시민 환경캠페인'을 시작으로, 최근에는 지역 환경단체, 사회적기업과 함께 '플라스틱 ZERO 기업문화 만들기'에 앞장서고 있다.

배광효 이사장은 "지난 2년간의 시간 동안 맡은 바 최선을 다했으나 돌이켜보니 부족하고 아쉬운 점도 있다. 이 과정 속에서 '초심'이라는 두 글자를 가슴 속에 다시 한 번 새겼다"며 "환경 분야를 맡고 있는 공단은 환경과 사회적 책임에 더 큰 책임과 의무를 갖고 있다. 환경기술 혁신에 더 초점을 맞추겠다. 환경친화적 기술개발과 친환경 정책 선도를 위해 공단의 역량을 강화하고 지역사회 곳곳과 힘을 합치겠다. 뿐만 아니라, 시민들과 함께 할 수 있는 '환경문화 실천운동'을 확대해나갈 생각이다. 글로벌 환경전문공기업으로 거듭나는 공단의 모습에 시민 여러분들의 많은 관심과 격려를 부탁드린다."며 포부를 밝혔다.

〈부산일보 김수빈 부산닷컴 기자 suvely@busan.com / 2020.11.05〉

월요일마다 직원에 편지 쓰는 환경CEO… "글로벌 환경 공기업 박차"

- 부산환경공단 배광효 이사장 취임 2년 특별 인터뷰

- 지방공기업 경영평가 또 '최우수'… 환경중심 패러다임 선도

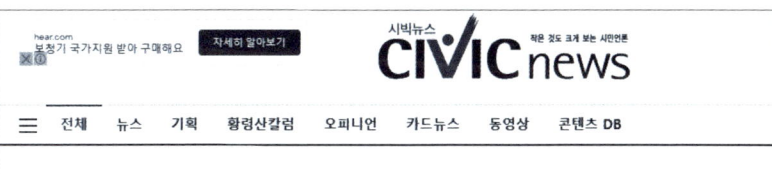

"깨끗한 환경과 안전하고 행복한 시민, 쾌적한 환경생태도시 만들기"- 부산환경공단 배광효 이사장이 지향하는 경영목표다. 역시 21세기는 환경의 시대라는 것, 그 속에서 환경중심 패러다임을 선도하며 사회적 책임을 다하는 최강의 공기업으로 우뚝 서겠다는 다짐이다.

배광효 부산환경공단 이사장은 취임 후 끊임없는 혁신경영, 사고 없는 안전경영, 부패 없는 윤리경영에 온 열정을 쏟고 있다. 그 경영 열정은 정부 경영평가 4년 연속 최고등급으로, 높은 평가를 받고 있다. 사진은 시빅뉴스와 집무실에서 인터뷰하는 배광효 이사장 (사진: 취재기자 안시현).

배광효 이사장이 취임 2주년을 맞았다. 그는 취임 이래, 급변하는 경영환경과 시민들의 바람에 한발 앞서 움직이며, 끊임없는 '혁신경영', 사고 없는 '안전경영', 부패 없는 '윤리경영'에 온 열정을 쏟아왔다. 공단 역시 올해 창립 20주년을 맞은 만큼, '환골탈태' 수준의 혁신이 필요했다는 것이다. 그 혁신에의 열정은 두루, 알찬 결실을 맺고 있다.

우선 부산환경공단은 올 정부 경영평가에서 '최우수' 등급을 받았다. 4년 연속 최고 등급, 전국 249개 지방공기업 중 유일하다. 부산시 6개 공사·공단 중에서도 '최우수' 등급은 유일하다. 공기업 경영평가, 그 생존경쟁을 뛰어넘는 비교평가 전쟁에서 한 기관이 4년 연속 '최우수'를 기록한다? 그런 절대적 우위를 갖기까지, 공단이 쏟은 피와 땀, 의지와 열정은 얼마나 컸겠나.

부산환경공단은 어떤 공기업인가? 어떤 전략과 노력, 얼마만큼의 내부 소통과 단합으로, 어떤 결실들을 거두고 있나? 그 공단의 탁월한 성과며 우뚝한 평판에 CEO가 맡은 몫은 무엇인가? 공단 창립 20년, 이사장 취임 2년을 맞아, 부산환경공단의 역정과 목표. 그 CEO의 꿈과 포부를 새삼 묻는다.

- 올해 공단 창립 20주년과 취임 2주년을 맞았는데요. 소감과 성과를 요약하신다면-.

▶공단 20주년은 향후 공단의 미래, 그리고 환경의 미래를 준비해가는 시점으로, 참 뜻깊은 한 해라고 생각합니다. 그만큼, 그간의 시간들을 되돌아보고 반성하며, 새로운 미래를 향한 비전과 전략을 세우며, 그 체계를 다지는 노력을 다해 왔죠.

공단은 중장기적으로 부산이 환경생태도시가 되는 것, 시민들의 환경복지가 향상되는 것을 목표로 최선을 다하고 있습니다. 또한 공단은 사람과 기술을 토대로 글로벌 수준의 환경 공기업이 되겠다는 중장기 비전을 수립했구요. 이에 걸맞는 추진전략과 과제도 설정해 적극 추진하고 있습니다.

- 지난 2년, '경영혁신'을 끊임없이 추구해 오셨어요. 공단 창립 20년을 맞았고, 급변하는 경영환경과 시민 바람에 한발 앞서 움직이겠다는 의지가 컸으니, 그 '혁신경영'의 폭과 깊이도 상당했겠죠? 어떤 혁신들을 추구하고 성취하셨나요?

▶ 네, 취임 직후부터 '혁신경영'을 경영방침의 키워드로 삼았고, 조직, 인사, 사업, 서비스 등 많은 부분에서 괄목할 만한 변화를 가져왔다고 평가합니다. 우선, 조직 체계와 문화, 인사혁신을 통해 조직 체질을 바꾸려 했어요. 20년 동안 유지해 온 '사업소' 체제를 '사업단' 체계로 개편했죠. 기존의 평면적인 시설중심 체계로는 효율적인 사업운영에 한계가 있다고 본 겁니다.

이와 함께, 스마트 사내자격제도 시행, 현장기술자 맞춤 특성화 교육, 성과중심의 인사혁신을 통해 조직내부의 혁신을 끌어왔어요. 하수와 쓰레기의 안정적 처리, 법 기준 준수 같은 목표는 공단의 당연한 업무구요. 새로운 기술개발, 예산절감, 수익창출 같은 노력도 꾸준히 계속하고 있습니다.

배광효 이사장은 '친환경 기술혁신' 역시 각별한 역량을 쏟아왔다. 중장기 비전과 경영전략을 수립하고 기술혁신을 위한 조직 역량 강화, 외부협업도 본격화했다. 지역기업의 환경기술 검증을 위한 테스트베드(Test Bed) 역할을 하며, 환경부와의 협약을 통해 물 산업기업의 기술개발 역량을 지원하고 있다. 기업·기관·대학 등 지역사회와의 상생협력과 동반성장을 통해 사회적 가치를 실현하는 것도 공단의 중요한 역할 중 하나라는 것이다.

- 부산환경공단, 올 정부가 주관한 지방공기업 경영평가에서 또 '최우수' 등급을 받았네요. 4년 연속 최고 등급, 전국 249개 지방공기업 중 유일한 사례구요. 부산시가 주관한 공사·공단 기관장 평가에서도 산하 공기업 6곳 중 1위네요. 공단과 CEO가 함께, '최우수' 퍼레이드를 기록 중인데, 소감 한 말씀-.

▶ 우리 공단 임직원 모두, 날마다 새로워지고 나날이 발전해야 한다는 '일신우일신(日新又日新)'의 마음가짐으로 최선을 다한 결과라고 생각합니다. 많은 부산시민들이 부산의 환경과 공단의 업무에 따뜻한 관심과 성원을 보내주신 덕분이기도 하죠. 앞으로도 친환경도시 부산을 선도하는 지방공기업으로, 글로벌 최고 수준의 환경 서비스로 부산시민께 보답할 각오입니다.

부산환경공단이 행정안전부 주관 '2020년도 지방공기업 경영평가'에서 4년 연속 최우수 기관으로 뽑힌 스토리는 널리 알려진 대로다. 전국 249개 지방공기업 중 오직 유일한 쾌거요, 전무후무하다 할 만큼, 놀랄 만한 대기록이다. 부산시 공사·공단 중 유일한 '최우수' 등급이기도 하고-.

이번 경영평가에서, 공단은 사회적 책임경영, 재난안전 관리, 경영혁신 등 경영전반에서 최고의 평가를 받았다. 특히 공정약품 최적관리와 처리공정의 효율적 운영을 통한 하수처리비용 절감, 온실가스 감축목표 초과달성, 신규 일자리 창출 등에서 높은 점수를 받았다.

공단은 부산광역시 공사·공단 (이)사장 평가에서도 산하 6개 공기업 중 1위를 차지했다. 리더십, 조직관리, 노사문화 같은 경영전반의 추진실적과 직원, 부산시의회 의원 등 조직 내·외부 관계자를 대상으로 실시한 설문조사, 언론보도 모니터링 등의 상시 평가, 그리고 행정안전부 경영평가 결과를 종합평가한 결과다.

배 이사장은 혁신과정에서 소통을 특히 중시하는 스타일이다. 기존의 정례조례 대신 '모두 같이(We), 소통하고(Communicate), 공감해요(Agree), 지금(Now)'라는 뜻의 'We CAN' 미팅을 갖고, 직원들과 허심탄회한 소통을 꾀하는 얘기는, 다른 인터뷰에서 잘 알려진 바다.

배광효 이사장은 혁신과정에서 특히 안팎의 소통을 중시한다. 배 이사장이 정례조례 대신 '위캔(We CAN)' 미팅을 통해 직원들과 허심탄회한 소통을 꾀하고 있다(사진: 부산환경공단 제공).

그는 얼마 전, 취임 2주년을 맞아 직원들과 소통하는 'CEO와 함께하는 프리톡톡' 자리를 갖고, 최근 공단의 빛나는 성과에 기여한 그들에게 아낌없는 감사와 격려를 전했다. 그동안 다소 미흡했던 부분에 대한 반성과 함께, 향후 공단이 나아가야 할 방향에 대해서도 의견을 나누었다. 이 자리에는 코로나19 확산방지를 위해 일부 직원은 회의장에 참석했고, 많은 직원은 화상회의 시스템을 통해 참여했다.

'CEO 이력서 언박싱(Unboxing)', '동기야 반갑다'…, 이름만 들어도 새롭다. 딱딱하고 권위적일 것이라는 공기업의 활동과는 뭔가 좀 다르다. 취임 2주년을 맞아 자리, 배 이사장의 혁신·소통의 리더십은 그대로 드러났다. 최고 경영자의 비전과 철학을 일방적으로 전달하는 것이 아니라, 직원들과 함께 자유롭게 토론하며 공감대를 넓혀갔던 것이다.

'이력서 언박싱'을 통해 직원들은 CEO의 인생을 엿볼 수 있었고, '동기야 반갑다' 코너에서는 CEO와 비슷한 시기에 입사한, 2년차 직원들의 이야기를 들어봤다. 동기모임을 할 때 꼭 불러달라는 배 이사장의 위트는 말에 모두가 즐겁게 웃었다는 뒷얘기다.

배 이사장의 소통에의 열정 중 '월요편지 베스트'도 알음알음 소문난 비하인드 스토리. 그는 취임부터 지금까지 매주 월요일, 직원들에게 편지를 쓰고 있다. 그 바쁜 CEO가 월요일마다 직원에게 편지를 쓴다? 그건 예사 힘든 일이 아닐 터-.

이 부분, 배 이사장은 힘들다기보다 기분 좋은 책임감을 느낀다고. 이제는 월요일마다 편지를 기다리는 직원도 생겼고, 답장도 많이 보내온다는 것이다. 그 많은 편지에 한 번도 빠짐없이 답장을 하는 직원도 있다는 얘기다. 매주 스스로, 또 직원들과 생각해야 할 것들을 담아 함께 나누는 월요편지, 그에겐 정말 뜻 깊다고 여기는 것이다.

그는 공단의 미래와 관련, '글로벌 환경 선두기업'론을 밝히기도 했다. 친환경이 곧 미래성장동력이라는 것, 글로벌 환경공기업이라는 자부심을 갖고 시민에게 글로벌 수준의 서비스를 제공한다면 '글로벌 수준의 환경 선두기업'으로 우뚝 설 수 있다는 생각이다. 이러한 사명감·책임감으로 환경기술 개발, 환경문화 조성에 온 힘을 쏟겠다는 다짐이다.

- 평소 공단 업무를 수행하며, 조직혁신·기술혁신과 함께 특히 '사회적 가치 이행'에 각별한 관심을 쏟고 계신데, 이 부분에 대한 자기평가 한 말씀-.

▶사회적 책임 이행은 결코 가벼이 할 수 없는 경영화두이기도 하죠. 환경문제를 해결하고 경영효율을 높이기 위해선 당연히 기업의 사회적 책임을 다하며, 협력적 거버넌스(체계)도 놓치지 말아야 한다는 것입니다. 우리 공단도 이에 보다 적극적으로 대응해야 할 때라고 믿고 있습니다.

- 공단의 사회적 책임을 이행하는 구체적 전략이나 수단을 예시한다면?

▶ 시민소통과 지역사회 공헌은 물론이지만, 공단은 특히 '좋은' 일자리 창출에 주력하고 있습니다. 코로나19의 장기화로 곳곳에서 채용이 줄어들고 구직난도 심해졌습니다만, 공단은 올해 두 차례에 걸쳐 신규직원 105명을 채용했어요.

단순히 정년퇴직 등 자연적 결원에 따른 일자리 창출에서 한 발짝 더 나아가서 조직혁신, 전문성 확보 등 미래 신성장 동력 발굴을 위한 노력을 통해 사업영역 다각화, 신규사업 인수운영 등을 추진한 결과라고 볼 수 있죠. 또 청년인재뿐 아니라 고령자, 장애인 등 취업 취약계층을 위한 일자리를 마련하고 전문기관과의 협업을 통해 근로환경 및 처우개선에도 앞장서고 있습니다.

저는 일자리가 갖는 가치와 성과를 단순히 채용, 처우나 보상 개선으로만 생각하지 않습니다. 일과 생활의 균형, 차별 없는 양성평등, 직원의 자존감을 높일 수 있는 행복한 조직문화…, 이를 위해서 많은 노력을 추진해왔죠. 제도와 조직적 기반을 갖추고 임직원 모두가 공감하고 실천할 수 있는 조직문화를 만들어왔다고 자부합니다.

공단은 최근 고용노동부와 산업통상자원부, 과학기술정보통신부 등이 주관, 후원하는 '2020 올해의 일자리 대상' 공공부문에서 대상을 수상했다. 코로나19에 따른 고용충격 속에서도 적극적으로 일자리를 창출하고 좋은 일자리를 만들어온 또 하나의 빛나는 결실이다.

- 앞으로, 펼쳐보고 싶은 활동계획은 또, 어떤 게 있나요?

▶ 음⋯⋯ 하고 싶은 것이 참 많은데요. 그 중에서도 한 가지만 고르라면 바로 '환경문화 실천운동'입니다. 공단은 소각장, 매립장 등 환경분야의 최일선 현장에 있는 곳입니다. 하지만 버려진 쓰레기를 처리하는 곳에서 그치지 않고, 환경오염과 자원낭비 등의 전 지구적 문제를 해결하기 위해 작지만 의미 있는 바람을 불러일으키고 싶습니다.

이러한 뜻에서 지난해 시작한 것이 바로 '에코백RUN 범시민 환경캠페인'입니다. 'RUN'은 'Re(다시), Use(사용해요), Now(지금부터!)의 앞글자를 딴 용어죠. 비닐과 일회용품의 사용을 줄이고 환경을 보호하는 에코백을 사용해 함께 환경을 보호하자는 의미를 담고 있습니다. 지난해 11월 발대식 이후로 전 국민이 참여할 수 있는 공모전과 행사를 추진해왔고, 앞으로 이 캠페인을 더욱 확대해 나갈 생각입니다.

공단은 최근 시민단체, 사회적기업과 '플라스틱 ZERO 기업문화 만들기' 협약을 맺기도 했다. 에코백 사용을 장려하는 캠페인에 이어, 플라스틱 사용을 줄이기 위한 움직임까지⋯, 부산환경공단이 그려갈 환경문화 실천운동, 그 영역은 과연 얼마나 넓을 것인가?

- 마지막으로, 부산시민들께 드리고 싶은 말씀은.

▶ 저 스스로, 온 임직원과 함께 한마음 한 뜻으로 달려온 지난 2년을 되돌아보며, '초심'이라는 두 글자를 가슴 속에 되새기고 있습니다. 우리 공단, 환경관리와 사회적 책임에 더 막중한 소명을 느껴야겠죠. 앞으로, 환경친화적 기술개발과 친환경 정책 선도를 위한 역량을 강화하고, 지역사회 곳곳과 한층 힘을 합쳐 나갈 생각입니다. 시민 여러분의 많은 관심과 격려를 부탁드립니다.

배광효 이사장은 행정고시를 통해 공직에 입문, 부산광역시 주요보직을 거치며 행정전반에 걸쳐 탁월한 업무추진 능력을 발휘한 역량 있는 전문관료 출신이다. 그런만큼 그의 꿈도 크기만 하다. 부산환경공단이 4차 산업혁명에 걸맞는 첨단기술과 똑똑한 시스템을 구축, 친환경정책과 환경문화를 선도하는 글로벌 환경공기업으로 거듭나는 것이다.

부산의 '잘 나가는 공기업' 부산환경공단과 '탁월한 역량의 CEO' 배광효 이사장, 그 소통과 공감, 열정과 협업이 성취할 미래는 과연 어떤 모습일까? 부산환경공단의 탄탄한 오늘을 보며 보다 도약하는 내일에 거는 기대는, 그래서 참 크기만 하다.

〈 시빅뉴스 안시현 기자 / 2020.12.09. 〉

배광효 부산환경공단 이사장 [2021.02.22/리얼토크-만나봅시다/부산MBC]

[KNN 인물포커스] 배광효 부산환경공단 이사장

에필로그

삶의 여정은 '선택'이다

개인의 작은 일상에서부터 직업적으로 사회와 국가를 위한 일의 선택과 결정까지 모든 삶의 여정은 '선택'의 연속이다. 조금은 남달랐던 공직생활 34여 년 동안 좌절과 희망, 인내와 환희의 매 순간마다 선택을 할 수 있었던 원동력은 '믿음'이었다. 나 자신을 믿고 가족을 믿었으며 이웃과 국가를 신뢰하는 것이었다. 그 믿음과 내가 만들어놓은 삶의 그림자를 확인한다. 색깔이 다채롭다.

제1장_
삶의 여정은 선택이다

내 삶을 내가 선택하지 못했다.

어릴 때부터 자주 몸이 아팠고 먹는 게 부실했다. 학교는 종종 결석을 하거나 조퇴를 했다. 그 당시 유행하던 전과나 참고서 한 권이 없었다. 초등학교를 졸업하면서 달랑 졸업장 하나를 들고 교문을 나왔다. 축하하는 가족도 없었다. 그렇게 혼자였다.

중학교 진학해서도 사정은 전혀 달라지지 않았다. 교복을 살 돈이 없어 체육복을 입고 1년을 다녔다. 최근에 지방자치단체가 교복지원 사업을 한다고 하니 그 시절이 주마등처럼 스친다. 2학년에 올라가서야 부모님은 교복을 사주셨다. 3학년이 되면서 입시반에 들어갔다. 아침부터 밤 10시까지 공부를 했다. 도시락 2개를 갖고 1시간 남짓한 어두운 시골길을 손전등에 의존하며 학교를 다녔다.

고등학교 진로를 결정하던 그날의 기억은 너무나 생생하다. 진주고를 가느냐, 집안 형편이 안 되니 금오공고나 부산기계공고를 가느냐는 담임 선생님과 부모님, 형님의 의중이 전적으로 반영됐다. 그때 알았다, 우리 집이 정말 가난하다는 것과 형님의 지원 없이는 아무 것도 선택할 수 없다는 사실을. 결국 담임 선생님의 설득으로 나는 형님의 책임 하에 진주고를 다니게 됐다.

나의 선택을 다른 사람에게 맡기지 말자.

1980년 민주화의 봄은 또 다른 변화를 가져왔다. 3학년 여름 전후인가 본고사 폐지와 졸업정원제 시행을 골자로 한 대학입시 제도가 개편되었다. 그동안 본고사를 준비한 것은 허사가 되었다. 이젠 예비고사 성적만으로 대학을 지원해야 한다.

"광효야, 서울대학교에 입학만 하면 보내주겠다"는 부모님의 말씀은 현실적으로 가능하지 않다는 것을 고등학교에 진학할 때 이미 알고 있었다. 전국 상위 1% 이내의 예비고사 성적을 갖고 대학을 선택하게 되었다.

그해 동기들 150여 명이 서울대를 갔다. 나 또한 서울대에 원서를 접수해 놓고 서울에서 자력으로 다닐 수 있는 학교를 수소문 했다. 4년간의 대학 등록금과 생활 보조금을 받을 수 있는 서울에 있는 대학을 찾았으나 담임 선생님의 반대로 원서를 제출할 수 없었다.

어찌할 바를 모르는 나를 위해 아버지가 나섰다. 친히 고등학교와 대학을 오가시면서 입학서류를 넣어 동아대학교를 입학했다. 서울로 가고자 하는 아들의 마음을 알고도 못 보내는 부모의 심정은 얼마나 아플까. 정말 아버지께 큰 고통을 드렸다. 나의 문제에 대해서 스스로 결정하고 스스로 책임지는 행동이 중요하다는 걸 알았다.

홀로서기에는 남다른 노력이 필요하다.

민주화의 봄이 스쳐간 캠퍼스는 썰렁했다. 나는 수업이 끝나면 교문에서 구덕야구장까지 술집을 전전하며 하루를 보냈다. 이런저런 술집 철학에 열변을 토하면서 시간을 때웠다. 그때 함께해 준 「맥아」 동기들과 친구 두환이 고맙다. 그런 방황의 시간 속에서 서울에서 학교 다니는 절친 성규, 길연과 종종 서신을 교환했고 새로운 정보에 눈을 뜨며 스스로를 자극하는 계기가 되었다. 제대로 공부를 하자는 각오로 행정고시를 선택했다. 병원 신세를 두 번이나 질 정도로 죽을힘을 다했다. 대학 4학년 때 1차 시험에 합격하고 그 다음해 2차 시험에 붙었다. 점인, 종규, 병영 형의 도움이 컸다. 2차 논술시험은 대학교 장학금을 유지하기 위해 매학기 3.5 이상의 성적을 유지하려던 필사의 노력이 많은 도움이 되었다. 지방에서 어린 나이에 시험에 합격했다. 홀로서기의 시작이었다.

도전에는 엄청난 희생이 따른다.

젊은 나이에 공직을 시작했다. 사회와 행정을 배워가며 어떤 일이든 열과 성을 다했다. 처음 맡은 업무는 1990년 인구센서스 조사 업무였다. 그러다 교통기획과로 발령받았다. 아침에 출근하면 1300번 포니를 타고 부산 전역을 다녔다. 무한정 도로를 걸어 다녔다. 교통흐름 파악하는 여름에는 땀범벅이었다. 교통난 해소, 교통운영체계 개선에 대한 협업과 현장개선활동에 큰 보람을 느꼈던 업무였다. '교통신호등'이라는 라디오 생방송에 출연하기도 했다. 그때 실시간 민원에 응대하면서 나의 부족함을 절실히 실감했다. 더 배워야 한다는 절박감이 생겼다.

해외의 선진화된 행정사례를 공부하자는 결심을 하고 정부의 해외유학생 선발에 응시했다. 또 하나는 독일 통일 직후라 국내에서 통일에 대한 관심이 높았고 통일 전후의 독일 지방자치제도를 연구해보려는 강한 열망도 있었다. 이것은 내무부를 거쳐 부산시로 발령받아 오면서 향후에 '지방자치 전문가'가 되겠다는 나의 생각에서 비롯된 것이다.

1994년 10월 독일로 가는 여정은 험난했다. 독일 비자를 받고 어학연수 기관을 선정하고, 거주지를 구하는 등 일련의 정착과정은 너무나 힘든 여정이었다. 지금처럼 인터넷을 통해 정보를 수집하는 시대가 아니라 현지에서 사람을 통해 정보를 얻는 시대였다. 만하임에서 어학연수를 하면서 대도시에 있는 지방자치 전공 교수님을 찾아 편지를 보냈다. 몇 개의 대학에서 연락이 왔었고 칼스루에(karlsruhe)에서 휴가 중인 베를린 홈볼트 대학 한스 유르겐 빌(Hans Juergen Will) 교수님을 만하임 역에서 만나 그의 제자가 되기로 했다. '통일 전후의 독일 지방자치의 연구'에도 큰 진척을 보였다. 지도교수님의 열정적인 지도와 협력 덕분에 자료수집과 논문 작업이 진행되었다. 그러나 한국의 대학 고 박원영 지도교수님의 갑작스러운 별세 소식은 엄청난 충격이었고, 나는 연구를 더 이상 진척할 수 없었다.

경험이 모여 능력이 된다.

독일에서 돌아오니 외국과의 교류를 담당하는 일이 맡겨졌다. 그 보다는 제2회 아시안 위크(Asian Week) 행사가 더 급했다. 후쿠오카의 아시안 먼스(Asian Month)를 벤치마킹해 아시안 도시와의 교류와 협력을 증진하고 세계화 시대에 대비하고자 만든 행사였다. 성황리에 행사를 마무리했다.

IMF의 소용돌이가 휘몰아칠 때 지역경제를 담당했다. 하루가 멀다 하고 지역기업과 소상공인들이 넘어졌다. 거의 속수무책이었다. 선물거래소 유치, LME 지정창고 유치, 삼성자동차 존속 투쟁, 부산은행 주식 갖기 운동, 부산경제살리기 비상대책회의, 1공무원 1기업 담당후견인제, 10대 전략산업 선정 등 안준태 국장님이 이름 지어 준 경제기획「드림팀」직원은 닥치는 대로 밤낮없이 일했다. 그러나 IMF 사태의 거대한 산은 모든 것을 덮쳤다.

월드컵, 아시안게임, 아태장애인경기대회 등 3대 국제경기는 2000년 초반 부산시정의 핵심이었다. 그 중에서 가장 시민의 관심이 적은 아태장애인경기대회 지원 업무가 주어졌다. 88올림픽 때의 패럴림픽 기록도 참고할 게 없었다. 최근에 치른 시드니패럴림픽, 방콕과 베이징 장애인경기대회를 벤치마킹하고, 장애인 편의시설, 관중 확보, 대회분위기 조성 등을 추진했다. 청와대에 대회 준비상황 보고와 관중 확보계획을 보고하고 각 부처의 지원을 이끌어낸 점은 지금도 기억 속에 남아있다. 그 땐 지역의 노력에 정부가 상응의 조치를 해주어야 한다고 참 당차게 말했었다. 회의를 주관한 수석비서관님도 흔쾌히 수용해 주셨다. 2002년

11월 초, 대회가 끝나고 관중이 빠져나간 아시아드 주경기장에서 난 홀로 서서 눈물을 흘렸다. 이런 게 행정이구나, 또 인생이구나. 아무나 할 수 있는 경험이 아니다. 내가 선택한 공직이 고마울 뿐이었다.

대회를 무사히 마치고 파견나간 공무원들이 복귀했다. 당연히 보직 자리는 부족할 수밖에 없었다. 누군가는 보직 없이 대기를 해야 했다. 그래서 해외유학을 한 경험이 있는 국장과 내가 해외파견을 나가게 되었다. 자의반 타의반이라는 말을 이런 경우에 쓰는 걸까. 장애인경기대회를 치르면서 '행정은 최저계층을 대변한다'는 생각을 더욱 확고히 하고 미국에서 사회복지를 연구하기로 했다. 미시간주의 미시간주립대학 근처의 양로원, 아동시설, 성폭력상담소, 급식시설, 장애인작업장, 청소년교도시설 등 다양한 사회복지시설의 현장을 직접 방문해 관계자들의 의견을 들었다. 귀국해 부산대 조영복 교수님이 사회적기업연구원을 설립할 때 디트로이트 근처의 장애인작업장이 기업의 형태로 운영되고 있는 현장 사례를 전달하고 전국 처음으로 연구원 설립에 힘을 보태게 되었다.

현장에 답이 있다.

내가 과장으로 승진할 당시에는 승진하면 사업소나 구청으로 발령 나는 것이 부산시의 관례였다. 그러나 두 사람이 본청 과장으로 바로 영전했고, 시의회에서 인사특혜라는 말까지 있었다. 그래서 과장을 하는 동안에 일선 행정현장에서 근무한 경험이 없었다. 부산시 교통공사 기획본부장으로 파견 나가 기존 노선의 구조조정을 통해 4호선인 반송선 개통을 추진하였고, 그 과정에 있었던 지하철노조의 파업도 마무리했다. 본청으로 가기 전에 근무해 보지 못한 행정의 현장인 자치구에서 근무하기를 희망했다.

1년 6개월의 해운대구청 근무는 퇴임 시에 "I love Haeundae"라고 말한 것에 전부 나타난다. 구청의 국장님들이 '역대 부구청장 중에서 가장 열심히 일하고 가는 공무원'이라고 말해 주었다. 달맞이 언덕에서 송정으로 가는 데크 길, 해운대 문화복지센터 건립, 석대 장애인작업장 설립, 해운대 원도심 개발계획, 해운대 모래축제의 주제 선정, 해운대해수욕장의 모래복원사업, 글로벌 창조도시 계획, 마린시티 방파제 설치방안 마련, 전통시장 시설 현대화 등 많은 사업에 정책적 조언과 중앙정부와 부산시 등의 인맥을 적극 활용했었다. 그 중에서도 해수욕장 모래 복원사업은 배덕광 해운대구청장님을 비롯한 구청 공무원과 중앙정부, 중앙언론, 부산시와 지역 국회의원들의 협조와 협력이 유기적으로 잘 연결되어 이루어낸 사업이었다. 그 협력관계를 이끌어내는 데 한몫한 것에 보람을 느낀다. 현장에서의 행정은 성과가 바로 눈에 보이고, 소소한 감동으로 다가온다.

삶은 선택을 통해 성장한다.

"생물학적 나이가 아니라 사회적 나이로 공직을 그만 둡니다" 공무원 정년 4년 6개월을 남기고 공직을 그만 두면서 한 말이다. 약관에 행정고시로 공직에 입문해 비교적 이른 나이에 고참이 되다보니 생물학적으로는 많은 나이가 아니지만 스스로 물러남야 함을 온몸으로 느꼈다. 또 후배들을 위해서라도 용퇴해야 했다.

그래, 나가자. 공무원연금과 월급의 손해를 감수하더라도 공기업 CEO의 경험이 내 인생을 풍부하게 할 것이다. 여태까지 그렇게 살아 왔잖아. 내가 경험하고 쌓아온 능력을 발휘해서 책임 있게 일할 수 있는 공기업 CEO 도전을 위해 과감히 사표를 던졌다. 예상하지 못한 퇴직에 가족은 많이 당황했었고, 나는 무척 미안했다.

처음 도입된 인사청문회를 통과하고 제9대 부산환경공단 이사장으로 취임했다. 부산교통공사 임원으로 파견 근무한 경험과 공직생활은 환경공단을 이끌어가는 데 큰 자산이 되었다. 설립 20주년을 넘긴 환경공단이 지속가능한 성장을 계속할 수 있도록 조직 및 인사, 시설운영, 직원복지 등을 혁신하여 나름의 성과를 거두었다. 공단의 이미지가 지속적으로 향상되고 있다.

삶의 여정은 선택을 통해 성장한다. 또 다른 경험이 삶을 풍부하게 해준다. 시청 내에서 과장, 국장을 많이 하는 것보다 부산환경공단의 CEO가 내 삶을 더욱 풍성하고 멋지게 해준 것 같다.

제2장_
퇴직은 새로운 여정

공직은 내가 받은 선물 중에 바다 같은 선물이었다. 선박을 밀고 가는 대해(大海)였다가 파도치는 물결이었고, 비바람 폭풍에도 끄떡없는 섬이었다. 이제 바다에서 뭍으로 나와 심연에 잠긴 기억들과 바다의 거친 호흡으로 다시 새로운 도전을 하려고 한다.

그동안 정들고 사무쳤던 공직을 떠나며 같이 일했던 선배와 동료들에게 보낸 퇴직인사와 아빠의 퇴직에 즈음하여 딸아이의 심경을 담은 페이스 북에 실린 글을 짤막하게 소개한다.

그리고 공직생활 중 가족에겐 늘 미안했고 부족했다. 이 지면을 빌어 그 미안함을 이제는 공직을 떠나 새로운 시간 안에서, 변화된 새로운 시간으로 만들겠다는 약속을 드린다. 저를 아는 모든 이들에게 감사와 고마움을 전한다.

공직을 마무리하며

생물학적 나이보다 사회적 나이로 물러나야 할 시점이라 생각합니다. 저와 함께 해주신 선배, 동료 여러분 덕분으로 명예로운 퇴임을 하게 되었습니다. 그동안 보내주신 과분한 사랑에 고맙다는 인사를 전합니다. 시민이 저에게 맡겨주신 소임에 열과 성을 다해 최선을 다했다고 생각하나, 지나고 보니 능력의 부족으로 시민들의 고달픈 삶에 큰 보탬이 못 되어 오히려 송구한 마음입니다.

선배, 동료 여러분 감사드립니다.

도시 교통난, AG 등 국제행사, IMF와 금융위기, 해양수산부 부활 등 지역 현안이 있을 때, 함께 고민하고 조금이라도 힘이 되고자 밤낮으로 노력해주신 직원 여러분께 이 자리를 빌어 감사와 감사의 인사를 드립니다.

특히 직원들께 좀 더 가까이 친밀하게 다가가지 못하고, 외부 고객들에게 먼저 부산을 알리고 협조를 구하는 데 더 집중한 점은 미안하게 생각합니다. 여러분에 대한 사랑은 컸으나 나의 부덕으로 주위를 맴돌기만 했습니다. 드러내지 않는 사랑은 사랑이 아니었음을 늦게나마 깨닫습니다.

민선 7기, 시민중심의 행정이 시작됩니다.

우리가 가보지 않는 길을 열어야 합니다. 과거에 머물면 우리가 사는 부산이 그냥 그대로의 모습일 것입니다. 내가 하는 일이 시민의 삶에 얼마나 도움 될 지를 생각해주시기를 바랍니다. 민선 7기 부산시정의 성공으로 부산시민의 삶이 나아지기를 기대하면서 동료 선배 여러분들의 건강과 건승을 진심으로 기원합니다. (2018. 7. 31. 부산시 공무원을 마치며)

아빠는 사랑입니다.

부산광역시 공무원으로서 30년, 2급 지방이사관, 그리고 이번 달을 끝으로 아빠는 퇴직을 하신다.

어릴 때는 공무원 딸이라는 게 그리 좋지만은 않았다. 엄마는 공직자의 딸로서 어긋나는 괜한 행동은 하지 말라며 늘 바르게 살라고 하셨고, 나의 아빠가 공무원인 걸 모르시는 주변 분들은 공무원들의 업무 행태에 서운한 감정과 서슴없는 비판과 날선 비난을 했다. 그런 이야길 듣다 보면 자연스레 아빠 이야기를 하는 것을 꺼리게 되고 잘못하지도 않았는데 괜히 뭔가 미안해졌다. 하지만 곁에서 지켜 본 아빠의 모습은 그런 이야기와 정반대였다. 나는 아빠로부터 삶의 소중한 부분을 깨치는 데 많은 배움을 얻었다.

나는 '아주' 바람직하게 살지는 못했지만 아빠가 보여주신 부산에 대한 깊은 사랑, 걱정, 헌신 덕분에 제법 어린 나이 때부터 사회에 대해 배우고 활동하며 사회를 돌아볼 줄 알게 되었다. 아빠의 늘 공부하고 배우는 자세를 보고 자란 덕분에 비록 시험 성적은 조금 낮았지만 끊임없이 독서하고 세상을 탐구해 왔다. 아빠는 맡은 바 소임에 최선을 다해오셨기에 나 또한 어디에서 무슨 일이든 내 이름을 걸고 일해 왔다. 아빠 덕분이다. 하지만 그 무엇보다도 아빠는 늘 부산이 우선이었고 그 부산을 위해 행정을 하셨다. 그래서 나도 아빠 덕분에 부산을 사랑한다.

이제 아빠는 그 책임을 내려놓으실 거다. 그리고 아빠의 딸인 내가 사회의 일원으로 기여할 때가 오는 것 같다. 서울에서 부산을 다녀오며 다시 올라가는 길, 당분간은, 조금은 오랫동안 이제 나와 부산은 '안녕'이다. 그래도 여전히 우리의 부산이 아름답길 희망하며 그 소망은 새 시대를 연 새로운 시장님께 보낸다.

　내가 세상에서 제일 사랑하고 존경하는 우리 아빠, 아빠는 사랑입니다. 그동안 한 사람의 부산시민으로 그리고 딸로서 너무 감사드립니다.

(2018. 8. 아빠의 퇴임에 딸이 SNS에 올린 글)